LE DISCERNEMENT DV CORPS ET DE L'AME EN SIX DISCOVRS,

Pour seruir à l'éclaircissement de la Physique.

DEDIEZ AV ROY.

A PARIS
Chez FLORENTIN LAMBERT, ruë S. Iacques, deuant S. Yues, à l'Image S. Paul.

M. DC. LXVI.
Auec Priuilege du Roy.

AV ROY.

IRE,

Sans blesser le profond respect auec lequel ie presente ce Liure à VÔTRE MAJESTÉ, *j'oseray l'asseurer qu'Elle y trouuera des choses dignes de son attention. I'examine en cét Ouurage les differentes operatiõs de l'Ame & du Corps, & le ſecret de leur vnion; ainſi propoſant à chacun ce qu'il eſt & ce qui ſe paſſe en luy-meſme, ie croy pouuoir dire que ie propoſe à* VÔTRE MAJESTE' *le plus digne objet qui puiſſe arreſter ſes regards, & meriter ſes reflexions. Iamais l'vnion de ces deux excellentes parties qui font tout l'homme, ne fut ſi merueilleuſe qu'en elle, & iamais Heros n'eut vne ſi grande Ame dans vn ſi beau corps: auſſi ne regardons nous pas voſtre perſonne ſacrée, comme vn pur Ouurage de la Nature; nous auons crû dés le moment de ſa naiſſance qu'elle venoit du Ciel, & nous conſiderons toutes ſes actions comme les ſuites continuelles du Miracle, qui nous l'a donnée. En effet,* SIRE, *nous ne* voyons faire que des prodiges à VÔTRE MAJESTE': *Quand la chaleur de l'âge & le bon ſuccez de ſes armes ſembloient ne luy deuoir inſpirer que les combats ; Elle nous a donné la Paix : Et quand vn ſi profond repos ſembloit ne luy deuoir inſpirer que les delices ; on a veu que par mille ſoins plus grands & plus glorieux que tous les trauaux de la guerre, Elle a reparé preſqu'en vn moment les deſordres de trente années. Ces merueilles ont ſurpris toute la Terre : Mais* VÔTRE MAJESTE' *n'en demeure pas à ces illuſtres commencemens ; Elle medite de plus grandes choſes pour noſtre felicité, Elle penſe à corriger les abus de pluſieurs ſiecles, & ce qu'elle fait chaque iour pour auancer vn ſi grand desſein, marque bien qu'elle fait consiſter toute la gloire de ſon Regne, à nous rendre parfaitement heureux. On voit qu'elle s'applique elle meſme à tout ce qui peut maintenir la Iuſtice, l'abondance, & le calme dans ſon Royaume, & que loin d'écouter ces auis funeſtes qui n'alloient qu'à l'oppreſſion de ſes peuples, elle les a vengez de leurs perſecuteurs, & ne veut plus entendre parler que des moyens d'établir le commerce, de perfectionner les Arts, & de rendre la vie de ſes Sujets plus douce, plus tranquille & plus commode. On voit meſme que pour exciter les Sauans à la recherche de tout ce qui peut ſeruir à de ſi belles entrepriſes, Elle honnore les Sciences d'vne protection toute particuliere. Enfin les*

Gens-de-bien ont le plaisir de voir qu'on peut pretendre à la faueur, dés qu'on est capable de rendre seruice à l'Estat, & que celuy qui trauaille le plus infatigablement pour le Public est celuy qui plaist le plus à VÔTRE MAJESTE'. *Le beau moyen, SIRE, de plaire aux Roys! qu'il y en a peu à qui l'on fasse ainsi sa Cour! & que ce seroit vn grand auantage à toutes les Nations, si tous les Souuerains suiuoient l'exemple de* VÔTRE MAJESTE', *Ou si* VÔTRE MAJESTE' *regnoit sur tout le Monde! Mais ie ne m'aperçoy pas que suiuant plus mes inclinations que mon premier dessein, ie parle de ce que j'admire en* VÔTRE MAJESTE' *& ne parle plus de mon Liure: la Matiere m'en a toûjours paru si im-*

portante & si belle, que j'ay tasché de ne rien ômettre de ce qui la pouuoit éclaircir, & pour en resoudre les difficultés, ie ne me suis seruy que des connoissances que nous auons naturellement de l'Ame & du Corps. Ie souhaite, SIRE, que mon trauail soit vtile au Public, afin qu'il soit agreable à VÔTRE MAJESTÉ, *Et si c'est trop demander, ie souhaite au moins qu'elle le regarde comme vn effet de l'extreme passion que i'ay de luy plaire, & du zele ardent auec lequel ie suis,*

SIRE,

De VÔTRE MAJESTÉ,

Le tres-humble, tres-obeïssant,
& tres-fidele seruiteur & sujet,
DE CORDEMOY.

PREFACE.

IL n'y a preſque perſonne qui s'arréte à conſiderer les merueilles du Corps & de l'Ame: cependant ce ſont deux ouurages dont chacun à part eſt admirable, & qui font vn composé ſurprenant en mille façons. Il eſt capable de rauir quiconque l'examine: Et quand on n'auroit que la ſeule enuie de ſe diuertir, j'eſtime que rien ne ſauroit donner tant de plaiſir que cette étude. Quelques emportez croyent qu'il ne faut que le Corps pour goûter les plus grandes douceurs de la vie; mais ie puis dire auec plus de raiſon qu'il ne faut que l'Ame. Elle renferme en ſoy tout ce qui la peut ſatisfaire; & pour eſtre dans vne joye ſans pareille, elle n'a qu'à faire reflexion ſur ce qu'elle eſt; elle n'a qu'à bien examiner les notions parfaites que Dieu luy a données, ſoit pour ſe connoiſtre elle-meſme, ſoit pour connoiſtre le Corps qu'elle anime, ſoit pour connoiſtre quel eſt ce merueilleux rapport qui fait toute leur vnion; elle peut par le meſme moyen connoiſtre (du moins autant qu'il luy eſt vtile) toutes les autres pieces qui compoſent cét vniuers; enfin elle peut par ces lumieres connoiſtre Dieu meſme, & le connoiſtre aſſez pour l'aymer plus que toutes choſes.

Il me ſemble que ces conſiderations ſont aſſez puiſſantes pour obliger vne perſonne raiſonnable à rentrer en ſoy-meſme. Mais quand la neceſſité que chacun a de ſe bien connoiſtre n'engageroit pas également tous les hommes à considerer les differentes fonctions de l'Ame, & du Corps; il faut auoüer que c'est vne étude dont on ne sauroit se passer dans la pluspart des professions, que l'on suit le plus ordinairement quand on se sent vn peu de talent & d'esprit. Ceux qui se destinent à la Chaire semblent en auoir necessairement besoin, & les Medecins ne la peuuent negliger sans s'exposer à mille fautes aussi honteuses pour eux, qu'elles seroient funestes aux autres.

Que si ceux qui sont employez au maniment des affaires, publiques ou particulieres, n'ont pas vne necessité si absoluë de l'aprofondir; il est pourtant vray qu'il leur est tres vtile d'y employer quelque temps. Car encore que de si belles connoiſſances ſemblent eſtre de peu d'vſage dans le commerce du Monde ; il eſt vray toutesfois que la façon dont il ſe faut prendre pour les acquerir accoûtume ſi bien l'eſprit à demêler les plus grandes difficultés, qu'il n'y en a preſque point dans les affaires les plus embaraſſées, qu'il ne puiſſe facilement éclaircir, quand vne fois il a pû vaincre celles-là.

En effet, il n'y a rien qui puiſſe diſpoſer vn homme à conceuoir ſi nettement chaque choſe, & à demêler ſi exactement celles qui paroiſſent confuſes, que les precisions qu'il eſt obligé de faire, quand il veut bien diſtinguer tout ce qui luy appartient à cauſe du Corps, d'auec ce qui luy appartient à cauſe de l'Ame. Comme en cette étude il n'examine que ce qui ſe paſſe en luy-meſme, & que ſon objet luy eſt toûjours preſent, il ne ſauroit manquer d'attention en le conſiderant: & quand vn peu d'habitude en cette Phyſique, l'a rendu aſſez attentif pour bien obſeruer les particularitez de chaque choſe auant que d'en juger, & luy a bien fait connoiſtre par ce moyen toutes celles qui luy ſont les plus intimes & les plus importantes; Il peut bien plus ſeurement juger de celles du dehors, & qui n'importent qu'aux autres hommes; il n'eſt plus ſi ſujet à ſe precipiter; il ſe ſouuient de ſes anciennes erreurs; il en connoiſt les cauſes; il ſait comment il s'en eſt tiré; & ce qu'il a fait pour luy-meſme le met en eſtat de pouuoir ayder à ceux qui l'écoutent, ſoit dans vne negociation, ſoit dans vne action publique, ou dans vne deliberation, à diſcerner, & mesme à suiure toûjours le meilleur party. Car enfin tous les hommes estant sujets aux mesmes passions, & aux mesmes erreurs: celuy qui s'est assez étudié pour connoistre les siennes, & toutes les causes de tant de diuers mouuemens qui l'agitent, sait bien mieux les moyens qu'il faut employer pour instruire ou pour émouuoir les autres: & c'est en cela si ie ne me trompe, que consiste la veritable éloquence.

Ce n'est pas que de là je veuille conclure que le plus grand Philosophe soit toûjours le plus éloquent & le plus propre aux affaires, je say qu'il y faut des talens naturels, & mesme de l'inclination, & que sans cela l'on n'y sauroit bien reüssir: Mais ie say aussi que celuy qui a tous ces auantages les fait bien mieux valoir quand il a le ſecours de la Philoſophie: c'eſt ſans doute par cette raiſon que tous les grands Orateurs y ont employé tant de temps, & ie penſe pouuoir dire que les deux plus illuſtres de l'Antiquité en auoient tiré toutes ces belles lumieres qui les ont tant fait éclater entre les autres.

I'auoüe pourtant qu'elle ne doit pas occuper toute noſtre vie, & qu'aprés y auoir paſſé quelques années auec attache, il eſt bon de n'y penſer plus que dans les heures où il eſt permis de ſe diuertir. C'eſt apparamment comme Ciceron en auoit vſé; & la maniere dont il parle en quelques endroits, fait voir qu'il faut taſcher de la poſſeder de ſorte que l'on s'en puiſſe faire vn diuertiſſement, (ce qui ne peut arriuer ſi l'on ne s'y applique d'abord d'vne façon bien ſerieuſe) : mais qu'il faut bien ſe garder de preferer ce diuertiſſement au ſeruice que l'on peut rendre à ſon Païs, ou à ſa famille dans des emplois conſiderables , ou dans vne profeſſion particuliere.

Si ce grand homme , & tous ceux qui ont manié les plus difficiles affaires de Rome & de la Grece , ſe ſont ſi bien trouuez de cette Methode , il eſt éuident qu'elle ne ſauroit mal reüſſir à qui que ce ſoit, à quel-qu'employ qu'on le deſtine , & que pour ſuiure les Anciens (du moins autant qu'il nous eſt permis) la premiere demarche que nous auons à faire , eſt l'étude d'vne Philoſophie qui nous rende capables de faire vn juſte diſcernement de chaque choſe, & de raiſonner ſur d'autres fondemens

demens que ſur nos prejugez; & ſur les opinions vulgaires. Ce n'eſt pas que je veuille dire qu'elles ſoient toutes mauuaiſes; mais en verité l'on ne ſe doit fier à pas vne qu'aprés l'auoir bien examinée: & pour s'accoûtumer à cela, chacun ne peut mieux commencer, que par ce qui ſe paſſe en luymême & par l'examen de toutes les idées qu'il a de l'Ame & du Corps. C'eſt ce que j'ay eſſayé de faire en mon particulier; j'ay taſché de recueillir dans les ſix Diſcours qui ſuiuẽt, tout ce que l'on a beſoin d'obſeruer touchant ces deux choſes. Et ſur tout ce qui peut ſeruir à les bien diſcerner l'vn de l'autre.

Dans le premier, j'examine les notions que nous auons en general des Corps & de la Matiere; de la Quantité; des Qualitez; du Lieu; du Repos; du

Mouuement; du Vuide; & de la Forme, pour voir ce que l'on doit entendre par tous ces termes, qui sont tout l'embaras de la Physique ordinaire.

Dans le second, j'examine les changemens que ie connois dans la Matiere, & j'explique tous ceux qui regardẽt la Quantité, la Qualité, & la Forme, par le mouuement local; ce qui fait voir qu'il n'est pas besoin d'en admettre d'autre.

Dans le troisiéme, j'explique le mouuement des Machines artificielles, & celuy des Machines naturelles par vne mesme cause: & je dis quelle est cette cause à ne considerer que les Corps.

Dans le quatriéme, passant au delà des Corps, ie parle de la Premiere Cause du mouuement, faisant voir qu'aucun Corps, ny aucun Esprit creé pour excellent qu'il soit, n'est la veritable cause d'aucun mouuement & n'en peut estre que l'occasion.

Ce qui me donne lieu d'examiner dans le cinquiéme, en quoy consiste l'vnion de l'Ame & du Corps, & comment ils agissent l'vn sur l'autre.

Enfin dans le sixiéme, aprés auoir fait connoistre ce que nous deuons entendre, par ce que nous appellons nôtre Ame, & par ce que nous appellons nôtre Corps, je tasche de faire bien distinguer l'vn de l'autre, & mesme de montrer que l'on est bien plus asseuré de l'existence de l'Ame, que de celle du Corps.

En ce dernier Discours, pour parler auec moins d'incertitude, je commence à ne plus parler, que de ce que je reconnois en moy, j'examine le plus precisément, qu'il m'est possible toutes les operations qui dependent de mon Ame, celles qui dependent de mon Corps, & celles qui reſultent de leur vnion : croyant qu'il ne ſera pas difficile à toutes perſonnes de bon ſens de deméler toutes ces choſes en ſoy-même, & de voir ce qu'il doit juger, 1. de ſoy, 2. des autres hommes, & 3. des beſtes.

Ie n'ay pourtant pas traitté ces deux derniers Points, & quoy que le partage du ſixiéme Diſcours en promette l'explication, quelques conſiderations m'ont empeſché de la faire. Ces conſiderations pourront ceſſer & me permettre de donner vn iour ce que ie retiens pour le preſent ; mais il me ſemble que pour peu que l'on faſſe de reflexion ſur ce que i'ay dit, on pourra facilement ſuppléer ce qui me reſte à dire.

TABLE.

PREMIER DISCOURS.

DES Corps & de la Matiere. page 1.

II. DISCOURS.

Du Mouuemẽt & du Repos des Corps. Et qu'il n'arriue aucun changement en la Matiere, que l'on ne puisse expliquer par le mouuement local. page 27.

III. DISCOURS.

Que les Machines artificielles & les Machines naturelles n'ont qu'vne mesme Cause de leur mouuement. Et Qu'elle est cette Cause, à ne considerer que les Corps. p. 59.

IV. DISCOURS.

De la Premiere Cause du Mouuement. page 93.

V. DISCOURS.

De l'Vnion de l'Esprit et du Corps. Et de la maniere dont ils agissent l'vn sur l'autre 119

TABLE.

VI. DISCOVRS.

De la distinction du Corps & de l'Ame.

Et que l'existence de l'Ame est plus asseurée que celle du Corps.

Des operations de l'vne & de l'autre en particulier.

Et des effets de leur vnion. p. 137.

Extraict du Priuilege du Roy.

PAR Grace & Priuilege du Roy, il est permis à nostre bien amé N. de faire imprimer, vendre & debiter, par tel Imprimeur & Libraire qu'il luy plaira, *six Discours seruant à l'explication de la Physique*, & ce pendant le temps & espace de sept années consecutiues : auec deffenses à tous Imprimeurs, Libraires, & autres personnes de quelque qualité & condition qu'ils soient, d'imprimer ou faire imprimer ledit Liure, sous quelque pretexte que ce soit sans le consentement dudit Exposant, à peine de confiscation des Exemplaires contrefaits, de tous dépens, dommages, & interests, & d'amande, comme il est plus au long porté par ledit Priuilege, donné à Paris le vingt-troisiéme Nouembre 1665. & du Regne de sa Majesté le 23 Signé, Et seellé du grand sceau. RAINCE.

Registré sur le Liure de la Communauté, suiuant l'Arrest du Parlement en datte du 8. Auril 1653. Fait à Paris le 15. Ianuier 1666. Signé, S. PIGET, Syndic.

Ledit Priuilege a esté transporté à Florentin Lambert Marchand Libraire, suiuant l'accord fait entre eux.

DES CORPS
ET
DE LA MATIERE.

PREMIER DISCOURS.

N ſçait qu'il y a des Corps & que le nombre en eſt preſque infiny : On ſçait auſſi qu'il y a de la matiere ; mais il me ſemble que l'on n'en a pas de notions aſſez diſtinctes, & que c'eſt de là que viennent preſque toutes les erreurs de la Phyſique ordinaire.

Ainſi ie me perſuade que le meilleur moyen d'y remedier, eſt de bien demesler cette confusion & d'examiner precisément ce que l'on doit entendre par les corps & par la matiere.

LES CORPS sont des substances estenduës.

1. Comme il y en a plusieurs, l'étenduë de chacun doit estre terminée, & ce terme est ce que l'on appelle *figure*.

2. Comme chaque corps n'est qu'vne mesme substance, il ne peut estre diuisé ; sa figure ne peut changer ; & il est si necessairement continu qu'il exclud tout autre corps ; ce qui s'appelle *impenetrabilité*.

3. Le rapport que les corps ont entre-eux par leur situation, s'appelle *le lieu*.

4. Quand ce rapport change, on dit que les corps à l'occasion des-

quels ce changement arriue, ſont meus, ou (ce qui eſt la meſme choſe) qu'ils ſont en *mouuement*.

5. Et quand ce rapport continuë, on dit qu'ils ſont en *repos*.

LA MATIERE eſt vn aſſemblage de corps.

1. Chaque corps conſideré comme compoſant cét aſſemblage, eſt ce qu'on appelle proprement *vne partie de la matiere*.

2. Pluſieurs de ces corps conſiderez enſemble, & ſeparément de tous les autres, ſont ce qu'on peut appeller proprement *vne portion de matiere*.

3. Si ces parties ou ces portions demeurent ſans liaiſon les vnes auprés des autres, cela s'appelle *tas*.

4. Si elles coulent les vnes entre

les autres, changeant incessamment leur situation, cela s'appelle *liqueur*.

5. Si elles sont accrochées ensemble & sans mouuement, ou auec si peu de mouuement, qu'elles ne se puissent détacher, cela s'appelle *masse*.

Comme chaque corps ne peut estre diuisé, il ne peut auoir de parties; mais comme la matiere est vn assemblage de corps, elle peut estre diuisée en autant de parties qu'il y a de corps: Ell peut aussi estre diuisée en portions, mais elle ne peut auoir autant de portions qu'elle a de parties.

Faute d'auoir consideré ces choses attentiuement, on a confondu les notions de la matiere en general, & celles de chaque corps en particulier; & parce que l'on a veu que les tas, les liqueurs, & les masses se diuisoient d'abord en diuerses portions visibles, lesquelles enfin se reduisoient à force de diuiser, en portions imperceptibles, on a crû que ce qui estoit arriué tant de fois à toutes les portions que l'on auoit separées des autres, arriueroit à l'infini, & que si la quantité des diuisions ne nous rendoit ce qui reste insensible, nous pourrions toûjours diuiser, sans prendre garde qu'à force de diuiser il faudroit enfin que l'on rencontrast quelque portion composée de deux corps seulement, lesquels estans separez l'vn de l'autre, arresteroient la diuision, puisque chacun d'eux est vne substance qui ne peut estre diuisée.

Il est bon en cet endroit de remarquer deux choses.

La premiere, que chaque corps en particulier n'est pas capable d'ébranler les organes de nos sens; & comme il en faut vn grand nombre pour composer la moindre portion de matiere sensible, il est certain que nous ne ſçaurions aperceuoir aucun corps, & que tout ce que nous voyons, eſt de la matiere.

La ſeconde eſt que chacun des corps eſtant imperceptible, on ne ſçauroit aperceuoir leur jonction, de ſorte que toutes leurs eſtenduës paroiſſent dans vne maſſe, comme ſi ce n'eſtoit qu'vne meſme eſtenduë.

Cependant comme nous auons vne idée tres-claire des corps, & que nous ſçauons que ce ſont des ſubſtances eſtenduës, nous joignons indiſcretement cette notion que nous auons des corps, aux perceptions que nous auons de la matiere, & prenant vne maſſe pour vn corps, nous la conſiderons comme vne ſubſtance, croyans que tout ce que nous voyons n'eſt que la meſme eſtenduë; Et parce que tout ce que nous voyons ainſi eſtendu eſt diuiſible, nous joignons tellement la notion de ce qui eſt eſtendu à la notion de ce qui est diuisible, que nous croyons diuisible tout ce qui est estendu.

Mais pour en mieux juger, il faut s'accoustumer à considerer les choses comme elles sont & non pas comme elles paroissent, & se ressouuenir de deux choses: L'vne, que toute masse est vn amas de plusieurs substances, & non pas vne substance: L'autre, qu'elle n'a point d'étenduë propre & qu'elle n'en paroist auoir, que parce que chaque corps qui la compose, en a. Et cela bien consideré, nous connoistrons euidemment qu'vne masse n'est diuisible, que parce que ses extremitez & son milieu ne sont pas la mesme substance, & que ce que l'on dit estre le bas de la masse, ou le haut, ou le costé, ou le dedans, ou le dehors, sont des substances differentes & dont chacune subsistant à part de celles qui l'accompagnent, elle en peut estre separée; au lieu que dans chaque corps particulier les extremitez & le milieu ne sont que la mesme substance, qui ne peut estre estenduë sans auoir necessairement toutes ces choses : tellement qu'aucune n'estant differente du corps, aucune aussi n'en peut estre separée, & par ce moyen il demeure indiuisible.

Toutes ces choses paroistront necessairement vrayes, à qui se donnera le loisir de les considerer attentiuement, & l'on verra qu'il est impossible sans cela d'auoir aucune notion claire des principes de la Physique.

I'aduouë que l'on est si accoustumé à prendre la matiere pour les corps, que de tres-grands hommes n'en donnent qu'vne mesme definition; mais comme cette definition ne contient que ce qui peut conuenir à chaque corps en particulier, à sçauoir, d'estre *substance* & d'estre *estendu*, il ne faut pas s'estonner si ces personnes croyant que la matiere estoit vne substance, & qu'il n'y auoit point d'autre estenduë que la sienne, croyent aussi que toute estenduë est diuisible ; mais s'ils y veulent vn peu penser, ils pourront reconnoistre qu'vne mesme substance ne se peut diuiser en elle-mesme, & que si sa nature est de pouuoir estre estenduë, du moment que l'on conçoit qu'elle l'est, il faut adüoüer qu'estant la mesme en toutes ses extremitez, aucune de ses extremitez n'est separable d'elle.

Si l'on estoit sans preuention sur ce sujet, on n'auroit pas besoin d'vne si longue discussion ny de rebattre si souuent la mesme chose ; Mais comme la coustume de croire que l'on sçait, est souuent aussi puissante sur l'esprit que la science mesme ; il ne suffit pas tousiours, pour persuader à des gens le contraire de ce qu'ils pensent sçauoir, de leur exposer nettement la verité : ce n'est qu'en la montrant à diuerses fois qu'on la fait reconnoistre, & non seulement il est bon d'en faciliter la connoiſſance par des repetitions frequentes; mais il eſt ſouuent à propos, apres auoir fait aperceuoir vne verité par les principes, de montrer les inconueniens qu'il y auroit de croire le contraire.

C'eſt pourquoy ie ne feindray pas de dire que i'ay trouué que tous ceux à qui i'ay oüy parler des Corps & de la Matiere comme d'vne meſme choſe, n'ont iamais ſceu m'expliquer leur penſée là deſſus, quoy que j'en connoiſſe entre-eux, qui ayent vn eſprit excellent, & vne tres-grande habitude à deméler les plus grandes difficultez : meſme lors que i'ay voulu ſuppoſer auec eux que la matiere eſtoit vne ſubſtance, & qu'vne ſubſtance ſe pouuoit diuiſer, qui ſont les deux choſes du monde les plus éloignées de ce qu'on en peut connoiſtre par la lumiere naturelle, ils ne m'ont donné aucune ſatisfaction. Quand ie leur ay demandé ſi cette ſubſtance qu'ils croyent diuiſible, l'eſt à l'infiny, comme il me ſembloit que leur ſuppoſition le donnoit à entendre ? Ils m'ont répondu que non, mais qu'elle l'eſtoit indefiniment : & quand ie les ay priez de m'expliquer cette diuiſion indefinie, ils me l'ont fait entendre de la meſme maniere que tout le monde entend l'infiny; Et pour acheuer par vn peu de bonne foy vn diſcours ſi plein d'obſcurité, ils m'ont adnoüé qu'à la verité il y a quelque choſe d'inconceuable en cela ; mais qu'il falloit neceſſairement que cela fuſt de la ſorte : or il me ſemble qu'il n'y a pas la meſme obſcurité en ce que ie propoſe. Ie dis que chaque corps eſt vne ſubſtance eſtenduë, & par conſequent indiuiſible, & que la matiere eſt vn aſſemblage de corps, & par conſequent diuiſible en autant de parties qu'il y a de corps ; cela me ſemble clair.

Vn autre inconuenient que je remarque en l'opinion de ceux, qui diſent que la matiere meſme eſt vne ſubſtance eſtenduë, c'eſt qu'ils ne ſçauroient faire conceuoir vn corps à part, ſans ſuppoſer vn mouuement : tellement que ſelon leur doctrine, on ne peut conceuoir vn corps en repos entre d'autres corps, car ſuppoſé qu'il leur touche, cette doctrine enſeigne qu'il ne fait plus qu'vn meſme corps auec eux : Cependant il me ſemble que nous auons vne idée bien claire & bien naturelle, d'vn corps parfaitement en repos entre d'autres corps, dont aucun n'eſt en mouuement, & que ce que je dis de chaque corps s'accorde tout à fait bien auec cette idée.

Le troiſiéme inconuenient, que je remarque en cette opinion, eſt que ſi l'on croit qu'vn corps eſtant vne portion de matiere, il ſe doiue diuiſer dés que ſes extremitez ſeront meuës en diuers ſens, il s'enſuiura que quand des corps enuironnans, le pouſſeront par differents endroits, & ſuiuant des lignes oppoſées, il le diuiſeront en autant de façons qu'il ſera pouſſé, en ſorte que les parties, qui s'en separeront, estant diuersement repoussées contre celles qui luy restent, les separeront jusques à l'indefiny (pour parler selon cette doctrine) c'est à dire que si ce n'est infiniment, du moins ce sera tant, que l'on ne pourra conceuoir de bornes à cette diuision, qui continuera toûjours, sans que jamais on puisse fixer, pour vn seul moment, la grandeur d'vn corps en mouuement, moins encore le pourra-t'on faire, si l'on suppose que ce corps tourne sur son propre centre, & qu'il soit quarré. Car si l'vn des angles tend vers le haut, l'autre tendra de necessité vers le bas, & tandis que celuy de dessus sera dirigé à droit, celuy de dessous sera dirigé à gauche : ainsi voila dés le premier moment, le corps, que ses angles quitteront, en cinq pieces : Et si son mouuement continuë, on voit qu'il ne sera pas vn moment sous la mesme figure, ny sous la mesme grandeur. Que si pour euiter cette facheuse conclusion, l'on respond qu'il se rallie des parties autant qu'il s'en diuise: Il est facile de voir, qu'on retombe dans l'inconuenient, que l'on veut éuiter; car s'il est vray qu'à tous momens des parties se separent, & se ralient, il n'y a pas vn instant, dans lequel aucun corps puisse demeurer de mesme grandeur, ou de mesme figure. Ainsi cette opinion qui n'est pas claire quand on la propose; ne peut seruir de rien en Physique quand on la suppose, puis qu'elle ne peut expliquer ny le repos, ny le mouuement des corps dont on sçait que depend toute la Physique.

I'aduouë ingenuëment toutefois, que je n'ay jamais oüy mieux parler des sciences naturelles, qu'à ceux, qui soustiennent cette opinion; mais il faut aussi qu'ils demeurent d'accord, que quand ils disent de si belles choses, ils ne la suiuent pas, & qu'aprés auoir bien soustenu que tout corps est diuisible, ils supposent enfin, que plusieurs ne se diuisent point actuellement durant certain temps; ce qui ne peut estre, suiuant leur principe : de sorte qu'ils l'abandonnent & sont obligez de faire vne supposition toute contraire, qnand ils veulent rendre raison de quelque chose. Or il me semble que pour parler aussi intelligiblement dés les commencements de la Physique, qu'ils font dans la suite, ils n'auroient qu'à suiure les principes que je propose. Ils sont intelligibles, l'on en peut deduire toutes les conclusions admirables, qui m'ont fait suiure leur doctrine auec tant d'attache & de plaisir : d'ailleurs, ces principes ne sont point nouueaux, aussi je ne pretend pas auoir rien trouué de particulier, j'ay seulement fait vn peu de reflection sur les notions que l'on a des corps, & de la matiere, & j'ay reconnu que l'on ne sçauroit conceuoir les corps que comme des substances indiuisibles, & que l'on ne sçauroit conceuoir la matiere que comme vn amas de ces mesmes substances : ce qui me semble n'auoir point esté bien expliqué iuſques icy, & ſatisfaire tellement à tout, que ie ne crois pas que l'on puiſſe propoſer aucune difficulté, que cela ne reſolue, ny que l'on puiſſe iamais parler clairement en Phyſique ſans cela.

Pour derniere obſeruation ſur les notions, que nous auons des corps & de la matiere, i'ay remarqué que naturellement nous ſommes portez à appeller *Corps*, ce qui nous ſemble indiuiſible, & *Matiere*, ce qui ſe peut diuiſer ſans rien detruire : ainſi ce que nous nommons noſtre corps, eſt en effet l'amas de cent millions de corps, en vn mot, c'eſt de la matiere, & cependant nous regardons cét aſſemblage de tant de corps, comme ſi ce n'en eſtoit qu'vn, parceque ſes parties concourant toutes à meſme fin, ſont rangées entr'elles d'vne maniere ſi conuenable à cette fin, que l'on ne les ſçauroit diuiſer ſans rompre toute l'œconomie, qui les y rend propres. Par la même raiſon les Iuriſconſultes appellent *corps* dans le le droict tout ce qui ne ſe peut diuiſer ſans eſtre deſtruit, comme vn cheual, vn eſclaue : & ils appellent *quantité* tout ce qui n'eſt qu'vn amas de choſes qui ſubſiſtent ſans dépendance les vnes des autres, comme le bled, le vin, l'huile, &c. Enfin, dans toutes les rencontres où l'on voit de la matiere, dont l'arangement doit neceſſairement produire vn certain effet, qui ſeroit deſtruit ſi cét arrangement l'eſtoit par la diuiſion des parties de cette matiere, on luy donne le nom de *corps*, parce qu'on la regarde comme indiuiſible; au lieu que quand on voit la matiere ſimplement entaſſée, liquide, ou en maſſe, & qu'elle ſe peut diuiſer en pluſieurs portions ſemblables les vnes aux autres, ſans deſtruire aucun effet reſultant de leur arangement, on luy laiſſe le nom de *matiere* : Tant il eſt vray, que naturellement l'idée que chacun a du corps, luy repreſente vne choſe indiuiſible, & que l'idée de la matiere repreſente vne choſe ſujette à eſtre diuiſée. Ainſi nous auons des preuues, & par les lumieres naturelles, & par les conſequences, que les corps ne ſont pas diuiſibles. Par les lumieres naturelles; puiſque chaque corps eſt vne meſme ſubſtance, il faut qu'il ſoit indiuiſible : & il ne faut point dire que l'on en peut conceuoir le haut, ſans en conceuoir le bas; car encores que vous puiſſiez penſer à vne de ſes extremitez, ſans penſer aux autres, vous ne ſçauriez conceuoir qu'elle n'en ait qu'vne, dés que vous la conceuez eſtenduë; & bien loin de conclure qu'vn corps ſoit diuiſible, parce qu'il a differentes extremitez, vous conclurez que toutes ſes extremitez differentes ſont inſeparables, parce qu'elles ſont les extremitez d'vne meſme eſtenduë, & pour tout dire, d'vne meſme ſubſtance.

Quant aux conſequences, j'ay fait voir que ſi chaque corps eſt diuiſible, il eſt impoſſible de conceuoir vn corps en repos entre d'autres.

corps, & moins encor de conceuoir ſon mouuement, c'eſt à dire qu'il eſt impoſſible de conceuoir rien en la nature ; au lieu que l'on rend raiſon de tout, ſi l'on poſe chaque corps comme vne ſubſtance indiuiſible : car outre que l'on ſatisfait à l'idée naturelle que l'on a de chaque ſubſtance ; par ce moyen on explique parfaitement le mouuement & le repos de chaque corps : Cependant il eſt euident que ſi l'vne de ces opinions n'eſt vraye, l'autre l'eſt neceſſairement. Car enfin, il faut que chaque corps ſoit diuiſible, ou qu'il ne le ſoit pas : s'il eſt diuiſible, la nature ne peut ſubſiſter comme elle eſt, & i'ay montré que l'on ne peut expliquer ny le mouuement, ny le repos : au lieu que s'il ne l'eſt pas, on explique tres-commodement ce que l'on aperçoit du repos & du mouuement. Ie ne penſe pas qu'il puiſſe ſe trouuer vne preuue plus conuaincante d'aucune verité.

6. Le plus ou le moins de corps,

dont les tas, les liqueurs & les masses sont composez, s'appelle *leur quantité* : & leur grandeur ou leur petitesse vient du plus grand ou du moindre nombre de corps qui s'y rencontrent.

Ainsi chaque corps n'est point vne quantité, quoy qu'il soit vne partie de la quantité, comme l'vnité n'est pas vn nombre, quoy qu'elle face partie du nombre : Tellement que la quantité, & l'estenduë sont deux choses, dont l'vne conuient proprement au corps, & l'autre conuient proprement à la matiere.

7. Les corps qui composent les tas, les liqueurs & les masses, ne sont pas par tout si prés les vns des autres, qu'ils ne laissent quelques interualles en diuers endroits.

Lors qu'on les apperçoit, on les appelle *Trous*. Et quand on ne les aperçoit pas, on les appelle *Pores*.

8. Il n'eſt pas neceſſaire que ces interualles ſoient remplis, & l'on peut conceuoir qu'il n'y ait aucun corps entre des corps, qui ne ſe touchent pas.

De dire qu'on ne peut conceuoir ces interualles ſans eſtenduë, & que par conſequent il y a des corps qui les rempliſſent, cela n'eſt point veritable, & bien que l'on puiſſe dire qu'entre deux corps, qui ne ſe touchent pas, on pouroit mettre d'autres corps de la longueur de tant de pieds, on ne doit pas conclure qu'il y en ait pour cela; on doit ſeulement dire qu'ils ſont ſituez de ſorte que l'on pourroit placer entr'eux des corps, qui joints enſemble composeroient vne eſtenduë de tant de pieds; ainſi l'on conçoit ſeulement qu'on y pouroit placer des corps, mais on ne conçoit pas pour cela qu'ils y ſoient. Et comme nous pourrions auoir l'idée de pluſieurs corps, encore qu'il n'y en eût aucun; nous pouuons auſſi conceuoir que l'on en pourroit mettre quelques-vns entre des corps, entre lesquels il n'y en a point encores. Quelques-vns soustiennent que si tous les corps qui remplissent vn vase, estoient destruits, les bords du vase seroient reünis : j'aduouë que je n'entends pas ce raisonnement, & je ne puis conceuoir ce que fait vn corps à la subsistance de l'autre. Il pourroit bien estre que les corps qui entourent le vase, poussans ses bords, le brisassent, s'ils n'estoient soustenus au dedans par d'autres corps ; mais de dire que dés que l'on auroit osté tous les corps du dedans, les bords se deussent raprocher, sans que rien ne poussast ces mesmes bords, & de faire vn argument contre le vuide par cette supposition, j'aduouë, si c'est vn bon argument, que je n'en connois pas la force, & je crois voir tres-clairement que deux corps pourroient subsister si loin l'vn de l'autre, que l'on en pourroit mettre entre-eux vn tres-grand nombre, ou n'y en mettre aucun, ſans que cela les raprochaſt n'y reculaſt.

9. Comme les figures des corps ſont fort diuerſes, leur rencontre fait que les portions perceptibles ou imperceptibles qu'ils compoſent, peuuent eſtre de tres-differentes figures.

10. Mais comme entre les corps pluſieurs ſont de meſme figure, il y a auſſi bien des portions, qui ſont de figures ſemblables.

11. Meſme pluſieurs corps de differentes figures meſlez en nombre égal & de meſme façon, peuuent faire de differentes portions toutes de meſme figure, & ayant les meſmes proprietez ; & ce qui reſulte de l'aſſemblage de ces portions eſt ce qu'on appelle vne telle matiere, ou, ſi vous voulez, *matiere ſeconde.*

Tellement que la matiere premiere peut eſtre bien definie (ſuiuant ce qui a eſté dit) vn aſſemblage de corps, & l'on voit que chaque corps eſt vne partie de cette matiere premiere.

De meſme la matiere ſeconde ſeroit bien definie vn aſſemblage de pluſieurs portions de meſme nature, & chacune de ces portions eſt vne veritable partie de cette matiere ſeconde.

Et parce que chaque portion d'vne certaine nature peut eſtre jointe à quelque portion d'vne autre nature, dont il reſultera vne troiſiéme ſorte de portions, l'on voit que pluſieurs de ces dernieres portions composeroient vne matiere que l'on pourroit appeller matiere troiſiéme; & ces portions mixtes ſeroient les veritables parties de cette matiere troiſiéme, qui ſeroit mixte des deux autres.

De la meſme façon les choſes peuuent

uent aller d'vne troisiéme à vne quatriéme nature, & pour garder vn ordre, qui rende ces changemens intelligibles, les portions en quoy se resoult d'abord chaque matiere, doiuent estre appellées les parties de cette matiere.

Il faut remarquer qu'autant qu'on a pû connoistre ces differents estats, on leur a donné des noms, & cela a esté fort à propos: mais il a esté fort mal à propos de feindre qu'à chaque mutation il arriue vn nouuel estre que l'on appelle *qualité* ou *forme*; ce n'est pas que ces mots ne soient propres à exprimer le different arangement des parties de la matiere, mais ils ne peuuent raisonnablement signifier autre chose.

12. Il n'y a que les effets qui nous puissent faire juger des differentes figures que peuuent auoir les differentes parties de chaque matiere.

Ainsi quand on propose vne masse ou quelque liqueur dont les parties ne se peuuent discerner, on doit examiner quels en sont les effets, ensuitte l'on doit considerer quelles figures sont les plus propres à produire de tels effets ; & l'on doit croire que l'on a bien supposé la figure des parties, qui composent vne masse, ou vne liqueur, quand on en assigne vne, qui peut rendre raison de tous leurs effets.

DV MOVVEMENT ET DV REPOS des Corps.

Et qu'il n'arriue aucun changement en la matiere que l'on ne puiſſe expliquer par le Mouuement local.

II. DISCOVRS.

TOVT le monde demeure d'accord qu'il n'y a rien de ſi contraire au mouuement que le repos.

Or il eſt certain que quand on dit qu'vn corps eſt en repos, on n'entend autre choſe, ſinon que ce corps eſt toûjours en meſme ſituation.

Ainſi, ſuiuant la regle des contraires, quand on parle du mouuement d'vn corps, on ne doibt entendre autre choſe, ſinon que ce corps eſt tranſporté de ſorte, qu'il ne demeure pas vn ſeul moment en vne meſme ſituation.

On pourroit demander ce qui eſt cauſe de ce tranſport : mais ce ſeroit ſortir de la queſtion dont le but n'eſt pas d'expliquer les cauſes du mouuement des corps, mais ſeulement d'en connoiſtre la nature, c'eſt à dire, de trouuer vne definition qui puiſſe conuenir à toutes les manieres de mouuoir, que nous connoiſſons dans les corps.

Ie penſe que l'on accordera ayſément celle que j'ay aportée du Repos, & conſequemment celle du mouuement, puis qu'elle eſt tirée ſuiuant vne regle toûjours infaillible.

Reſte donc de faire voir que cette

definition conuient à tous les mouuemens qui nous ſont connus.

Quelques perſonnes en aduoüant qu'elle eſt tres propre à expliquer ce changement auquel on donne le nom de mouuement local, diſent qu'elle ne peut conuenir qu'à celuy-là; & qu'elle ne peut s'apliquer à ces changemens de la *quantité* qu'on appelle *accroiſſement* ou *decroiſſement*; à ceux de la *qualité*, qu'on appelle *alterations*; & à ceux de la *forme*, qu'on appelle *generation*, ou *corruption*. Mais ſi je monſtre que tous ces changemens n'arriuent que par le mouuement auquel on aduouë que ma definition conuient; il s'enſuiura qu'elle conuient à tous les mouuements qui nous ſont connus.

Quant aux changements de la *quantité*; ſi vne maſſe augmente, n'eſt-ce pas que de nouueaux corps ſe joignent à ceux qui compoſent déja la quantité de cette maſſe? Si el- QVANTITE'.

le diminuë, n'est-ce pas que quelques-vns de ces corps en sont separez ? Et peuuent-ils estre adjoutez ou separez sans ce mouuement local que nostre definition explique si bien ?

Qu'vn morceau de terre qui estoit déja proche d'vne pierre, soit tellement remué par la chaleur du Soleil, ou par d'autres causes, que ce qu'il aura de plus humide, en exhale, & que ce qu'il y aura de parties plus solides, s'embarassent de sorte par leurs figures irregulieres, & se serrent tellement les vnes contre les autres, qu'enfin il paroisse dans vn estat tout à fait semblable au reste de cette pierre. Il est certain que cette exhalaison de quelques parties, & ce raprochement de quelques autres, n'est qu'vn mouuement local ; & qu'ainsi, cette augmentation de quantité, qui s'appelle communement *Iuxtaposition*, peut estre expliquée par nostre definition.

Pour cette autre augmentation, qui ſe fait par *Intuſſuſception*; elle ne differe en rien de l'autre, ſinon qu'en la premiere, les parties qui s'accumulent, ſont jointes par les extremitez aux parties de la maſſe qui accroiſt : Et dans la ſeconde eſpece, ces parties qui arriuent de nouueau, gliſſent entre les moindres eſpaces que font entre elles les parties de cette maſſe, iuſques à ce qu'elles ayent trouué des endroits vn peu plus eſtroits, qu'il ne faudroit pour les admettre. De ſorte que faiſant effort pour y paſſer, elles ſont ſouuent dans vn mouuement aſſez puiſſant pour s'y faire entrée : Mais ſouuent auſſi, ce mouuement n'étant pas aſſez fort pour les faire paſſer outre, elles y demeurent engagées, & croiſſent ainſi la maſſe.

Comme il arriueroit à vne fleche qui ſeroit lancée dans vn faiſſeau fait de pluſieurs autres. On ſçait que quelque eſtroicte que fût leur vnion, il y auroit toûjours des eſpaces entr'elles, où cette fleche s'introduiroit : & qu'encore qu'elle eust assez de force pour les escarter vn peu les vnes des autres, elle pourroit aussi aprés auoir perdu tout son mouuement par cét effort, demeurer engagée entre les autres, & croistre ainsi le faisseau, qui pourroit augmenter d'autãt de fleches qu'on en pourroit tirer entre celles qui le composent.

Il en arriue de même aux Plantes, qui ne prennent de nourriture, que parce que la chaleur du Soleil faisant mouuoir dans les entrailles de la terre differens sucs (c'est à dire differentes petites particules, dont les figures sont diuerses) il les eleue enfin, & les fait couler par vne infinité de petits conduits, dans lesquels ces particules venant à rencontrer quelques grains de semences dont les pores sont aprochans de leur figure, elles s'y donnent entrée, parce qu'il leur est plus commode de continuer ainsi leur mouuement en ligne droite, & ayant consommé vne partie de leur impetuosité, à s'en faire l'ouuerture, elles y demeurent engagées pour en augmenter la substance.

Que si elles conseruent assés de mouuement pour passer outre, elles ne seruent de rien à la nourriture : D'où vient que trop de chaleur donnant trop de mouuement à ces particules, fait seicher les semences dans le sein d'vne terre qui les feroit germer, si elle estoit moins échauffée. Et mesme vn trop grand mouuement peut estre cause, que des particules plus grosses que celles qui doiuent seruir d'aliment à certaine plante; s'y frayent des passages, qui ruinant la figure, & l'arangement des pores de cette plante, la mettent en estat de ne pouuoir plus retenir celles qui luy seroient propres. Comme au contraire, le deffaut de mouuement peut faire qu'aucun suc ne puisse auoir assés de force pour s'introduire dans les semences qu'il pourroit augmenter, & qu'ainsi, elles deuiennent inutiles.

De là encore on peut conjecturer, que tous les petits sucs n'ayans pas des figures semblables, tous ne sont pas propres à s'insinuer dans toutes sortes de semences; mais que chacun aprés auoir heurté vainement contre celles où il ne peut entrer, peut enfin estre emporté en des endroits où il rencontre des semences dont les pores soient assez ajustez à sa figure, pour l'arrester. De sorte que la mesme terre en peut contenir à la fois, & le mesme soleil en peut emouuoir en mesme temps assez de differens, pour nourrir vne plante dont le jus sera mortel tout proche d'vne plante qui pourra seruir d'antidote à ce poison : Estant certain que jamais l'vne ne receura ce qui sera propre à la nourriture de l'autre, par la mesme raison, que deux cribles diuersement percez, n'admettront jamais que les grains qui seront proportionnez à la figure de leurs trous.

QVALITE'

Quant aux changemens de *quali-*

té, qu'on appelle *alterations*, il eſt facile de faire voir qu'ils arriuent tous par ce mouuement, auquel nôtre definition ſe raporte.

Pour cela, il faut d'abord examiner ce qu'on entend par le mot *d'alteration*.

On entend, ſans doute par ce mot, tous les changemens qui peuuent arriuer en vn corps composé de pluſieurs parties, ſans augementer ou diminuer ſa maſſe, & ſans deſtruire cette conſtitution de parties en laquelle on fait conſiſter ſa nature particuliere; c'eſt à dire, ce qui le rend diferend des autres corps.

Ie dis ſans augmenter, ny diminuer ſa maſſe, parce que cette ſorte de changement eſt de quantité, comme nous l'auons déja remarqué.

I'ajoute que l'alteration ne doit point deſtruire dans le corps, auquel elle arriue, cette conſtitution particuliere de parties, qui fait toute sa n'ature, & le rend different des autres corps; parce que ce grand & dernier changement, regarde la forme dont nous deuons parler dans l'article suiuant.

Cela posé, ie dis que l'alteration ne peut arriuer sans mouuement local : car vn corps composé de plusieurs parties, n'estant ce qu'il est, que par la construction de ses parties, il ne peut receuoir de changement, que par ses parties.

Or il est constant que si les moindres de ses parties demeurent toûjours en mesme situation, sans s'éloigner, sans s'approcher, sans passer les vnes dans les autres, & sans en admettre d'autres entr'elles; il est constant, dis-je, qu'il n'arriuera point de changement, & que tant que ce repos de toutes les parties d'vn corps durera, on pourra assurer qu'il est toûiours de mesme, c'est à dire qu'il n'est point alteré.

Donc, *à contrario*, ſi l'on y apperçoit du changement, il faut conclure qu'il eſt arriué par ce que les parties ſe ſont, ou ſerrées ou écartées, ou que les vnes ont paſſé dans les autres, ou qu'elles en ont admis d'autres entr'elles; ce qui ne ſe peut faire, que par le mouuement local, & conſequemment c'eſt par luy que les alterations ou changemens de qualité arriuent.

Si nous deſcendons aux choſes particulieres nous verrons, par exemple, que le pain, ſans ceſſer d'eſtre pain, peut auoir indifferemment, ou la qualité de tendre ou la qualité de raſſis: mais qu'il ne peut eſtre ny tendre, ny raſſis, que par vn mouuement, & vne ſituation differente de ſes parties,

En effet, il n'eſt tendre, que par ce que ſes parties, eſtant encores imbibées des parcelles de l'eau, dont il eſt compoſé, ſont plus pliantes & reſiſtent moins au toucher : d'ailleurs elles ont vn reste de mouuement, qui les tenant plus separées les vnes des autres; font que l'on peut facilement y introduire les dents, & qu'elles maltraitent moins le palais, & les autres parties de nostre bouche.

De mesme il ne deuient sec apres quelques iours, que par ce que les parcelles de l'eau excitées, ou par leur mouuement propre, ou par celuy de l'air, s'éuaporent de sorte que les parties plus grossieres de la paste, qui demeurent auec vn mouuement beaucoup moindre, se serrent dauantage les vnes contre les autres, & laissent le pain en tel estat, qu'à peine y peut-on introduire le coûteau. Cependant il est toûjours appellé pain, parce que ses parties gardent encore assez de cét arangement dans lequel on fait consister sa nature.

Ainsi l'on void que ce n'est pas mal definir l'alteration, que de dire que c'est vn changement tel, que le corps, auquel il arriue, peut affecter quelques-vns de nos sens, autrement qu'il ne les affectoit auparauant ; non toutesfois de telle sorte, que nous n'y reconnoissions plus rien de tout ce qui nous paroissoit en luy ; car en ce cas (& nous le verrons par la suitte) nous dirions qu'il y auroit corruption de sa forme, & generation d'vne autre. Mais ce que nous deuons considerer icy, est, que l'*alteration*, que nous auons expliquée dans le pain, n'a eu pour cause que l'euaporation de certaines parties, & le raprochement de quelques autres, ce qui est vn mouuement suiuant nostre definition.

Restent les changemens de *forme* qu'on appelle *generation* ou *corruption*. FORME.

On dit qu'il y a corruption, & ensuitte generation dans vne certaine portion de la matiere, lors que l'on n'y reconnoist plus rien de son premier arangement : & nos sens sont tellement les Maistres de nos creances, que quand il ne nous paroist plus rien en vne chose, de ce qui nous y paroissoit auparauant, non seulement nous commençons à luy donner vn nom, qui puisse répondre à la nouuelle idée que nous en auons ; mais nous penchons à croire, qu'elle n'est plus la mesme, & souuent nous disons que c'en est vne autre.

Sans doute que nous parlerions plus proprement, si nous disions simplement qu'elle est toute autre, c'est à dire qu'elle est tout à fait alterée : Mais quoy ? on est accoûtumé de faire deux ordres, ou especes de changemens, quoy qu'il n'y ait de difference entre-eux, que du plus au moins. On veut quand vne chose n'est pas changée iusques à estre méconnuë, qu'elle soit seulement alterée : Mais quand son chan-

changement eſt tel, qu'il n'y paroiſt plus rien de tout ce qu'elle auoit : on aſſure que ce n'eſt plus la meſme.

Cependant ſi l'on conſulte la raiſon plûtoſt que les ſens, on trouuera que cette choſe eſt toûjours le meſme corps, lequel a toûjours autant de parties, & ne peut auoir eſté changé, que parce que ſes moindres parties ſont diſpoſées tout autrement, qu'elles n'eſtoient; ſi bien qu'elles n'ont plus rien, qui approche de leur premiere conformation.

Et pour montrer que le mouuement, que nous auons defini, eſt la cauſe de ce dernier effet, auſſi bien que des autres ; il ne faut qu'examiner vn de ces extremes changemens que l'on appelle changemens de forme.

Vn tas de bled nous paroît diuiſé en pluſieurs petites portions, les parties de chaque grain ſont preſſées d'vne maniere, qui les fait preſque ronds, & vne eſcorce aſſez delicate pour ne les point fouler, mais aſſez forte pour les conſeruer, repouſſe vers nos yeux la lumiere d'vne façon qui nous les fait paroiſtre d'vn gris jaunâtre, & marqué de blanc en quelques endroits.

Que ſi vous l'expoſez à la meule, vous verrez que les grains qui ſont au deſſus, s'embarraſſans dans les creux, que l'on fait exprés en cette pierre, ſont contraints de ſuiure ſes mouuemens: Et comme la premiere couche de ces grains a pluſieurs pointes engagées dans les entre-deux, que font entr'eux les grains de la ſeconde : Cette ſeconde eſt en meſme temps obligée de ſuiure, emportant par meſme raiſon la troiſiéme, & celle-là, celle qui ſe trouue au deſſous, tant qu'enfin toute la maſſe tourne ; de ſorte que le poids de la machine joint à l'effet des mouuemens, froiſſe les grains, briſe leur eſcorce, & fait que chacune des particules qu'elle enfermoit, ſe debaraſſant de celles, dont elles eſtoient enuironnées pour ſe meſler auec d'autres, toutes commencent à compoſer vn certain tout, d'vne couleur ſi differente, & d'vne conſtitution ſi diuerſe de la premiere, que n'y reconnoiſſant plus aucune des apparences du bled, nous commençons à l'appeller farine.

Iuſques icy, il me ſemble qu'il n'y a rien, qu'on ne puiſſe aſſez facilement expliquer par le mouuement que j'ay definy.

Si pour en faire du pain on ſepare les petits éclats de l'ecorce, qui font le ſon, d'auec les particules, qui font la plus belle farine; on voit que cela ſe fait par les loix du meſme mouuement.

Si l'on vient à meſler ces parties de la plus delicate farine auec des parties de l'eau, de ſorte que les vnes s'embaraſſant dans les autres, elles commencent à deuenir plus liées entr'elles ? je croy que perſonne n'en cherchera la cauſe, que dans le meſme mouuement.

Que ſi l'on expoſe cette maſſe paiſtrie, à la chaleur d'vn feu renfermé dans quelque lieu capable d'en reünir toute l'actiuité; elle ſe leuera d'abord, & la pluſpart des parcelles de l'eau s'éuaporeront, les partis du dedans eſtant excitées, s'éloigneront les vnes des autres : Celles de la ſuperficie eſtant raſées par l'air & par les autres petits corpuſcules enuironnants ſeront plus polies, plus ſerrées, plus ſeches & plus colorées, que le reſte de cette maſſe : Enfin, ſi aprés le temps neceſſaire vous la retirez de ce lieu, vous la verrez en cét eſtat, que vous appellez pain. N'eſt-ce pas toûjours la meſme maſſe, qui a ſouffert tous ces differens changemens ? & ne luy ſont-ils pas tous arriuez par le mouuement que nous auons definy? Cependant on dit qu'il a changé de forme, qu'il y a eu corruption de celle de bled, & generation de celle de pain.

Ie ne puis trouuer estrange qu'on appelle mutation de forme cét extréme changement, qui fait qu'on ne reconnoît plus rien de ce qui paroissoit en vne masse, pour le distinguer de ces moindres changemens, qu'on appelle simples alterations de qualitez; mais je ne puis conceuoir ce qui fait imaginer à plusieurs, qu'vne forme perisse, & qu'vne autre s'engendre, n'y moins encore qu'il faille passer par la priuation, pour aller de l'vne à l'autre. Ce milieu m'a toûjours semblé aussi chimerique, que les deux extremitez dont on veut qu'il soit le lien : & il me semble que pouuant rendre raison des plus grands changemens, qui arriuent en la matiere par l'arangement, par les figures, & par le mouuement que l'on y reconnoît, il ne faut point former de nouueaux estres que l'on n'y connoît point.

Ie sçay bien que plusieurs, qui n'ont point coutume d'alleguer les formes, tant qu'ils s'en peuuent passer, ne vont point chercher d'autres causes des changemens d'vn corps, que le mouuement de ses parties, & la diuersité de leurs figures, tandis qu'ils peuuent aperceuoir ce mouuement & ces figures: Mais toutes les fois que les parties, dont le mouuement ou la figure causent quelque changement, sont trop petites pour estre aperceuës, c'est alors qu'ils reclament la forme, & à fin de sauuer l'honneur des formes, qu'ils ont inuentées, & de leur donner toute la gloire des generations, ils disent que tout changement, qui arriue par la figure, ou par le mouuement, n'est point vne generation.

Mais il est facile au contraire, de montrer qu'on peut rendre raison de tout ce qu'on appelle generation par le mouuement & la figure des petites parties, soit qu'on les puisse apperceuoir, ou qu'elles ſoient imperceptibles.

Premierement, il eſt certain que les corps, pour echapper à nos ſens, n'en ſont pas moins des corps, ils n'en ont pas moins leurs figures particulieres, & ils n'en ſont pas moins ſuſceptibles de mouuement : Cela eſtant, ſi nous rendons raiſon des changemens qui arriuent dans la matiere par la figure & le mouuement de certaines parties, lors que nous apperceuons ces parties ; il s'enſuit (puiſque nous ſommes conuaincus que les plus imperceptibles ont de toutes ces choſes) que nous deuons croire qu'elles agiſſent comme les plus groſſes, & meſme qu'elles cauſent de plus grands changemens ; puis que plus toutes les parties d'vne portion de matiere ſont petites, plus auſſi eſt-elle ſuſceptible des changemens qui peuuent eſtre cauſez par les figures & par les mouuemens.

La nature n'a point fait de loix pour les parties, que nous voyons, ausquelles celles que nous ne voyons pas, ne soient assujetties, & ces reigles que la mecanique sçait estre si certaines pour les vnes, sont infaillibles pour les autres.

Et de fait, si voyant les boüillons d'vne eau emuë par la chaleur du feu, & ces tourbillons de fumée, qui en exhalent, quelqu'vn se persuade que quand la vague de l'air les aura assez dissipez pour faire que chaque particule ne soit plus apperceuë, elles n'auront plus de figure, ny de mouuement, ne sera-t'il pas trompé dans sa conjecture ?

Ou bien si croyant (comme il le faut croire) qu'elles gardent encores leur figure, & leur mouuement. ils pensent que ces figures, & ces mouuemens ne suiuent plus la loy des autres ; ne s'abusera-il pas dans son raisonnement ?

Mais

Mais ne ſera-il pas conuaincu de ſon erreur, quand il verra que, le froid d'vne plus haute region venant à calmer le mouuement de ces petites particules, & à les reſerrer, elles retomberont en eau comme auparauant ? S'il eſtoit vray qu'elles ne ſuiuiſſent plus la loy des autres corps, qui les y auroit pû ſoûmettre vne ſeconde fois ? Et ſi elles euſſent eſchappé vn ſeul moment à cette puiſſance, qui euſt pû les remettre ſous le ioug ?

Ainſi on void qu'il eſt plus raiſonnable de conclurre, que tant qu'vne choſe eſt corps, pour petite qu'elle ſoit, elle agit comme les autres corps : Et ſi nous trouuons dans la figure & le mouuement, la raiſon de tout ce qui arriue dans ceux, que la groſſeur de leurs parties ſoûmet à nos ſens ; nous deuons aſſeurer que c'eſt cela meſme, qui cauſe le changement de ceux dont les parties ſont trop deliées pour eſtre apperceuës.

Mais à fin que l'exemple d'vn de ces mouuemens, où l'on dit qu'il y a generation de nouuelle forme, nous serue de second moyen ; Voyons si cette masse qui a passé de bled en pain par des mouuemens si bien expliquez en nostre definition, pourra passer en la substance d'vn homme, & prendre (pour parler auec l'Escole) la forme de chair, par les mesmes mouuemens, qui ont rendu raison de tout le reste.

Desja celuy qui en coupe vn morceau, doit demeurer d'accord qu'il ne le separe du reste, que par vn de ces mouuemens.

Si le mettant dans la bouche, il le rompt en parcelles plus deliées, à fin qu'elles puissent passer dans l'œsophage , & si quelque saliue s'y meslant sert à mieux faire cette premiere diuision ; on void que tout cela n'arriue que par le mouuement.

Si eſtant paſſé dans l'eſtomach, & trouuant certaine liqueur, dont les, moindres parties coupantes comme celles de l'eau forte, ſont excitées par la chaleur des entrailles, il eſt encore plus diuiſé qu'auparauant, & reduit à peu prés au meſme eſtat que les lambeaux de tant de diuerſes couleurs aſſemblez ſous les martelles d'vn moulin à papier, leſquels pour eſtre ſeulement imbibez d'vne eau qui y court ſans ceſſe, ſe diuiſent en tant de parcelles, qu'elles compoſent vne liqueur blanchaſtre comme la colle; Cela arriue-t'il par d'autres cauſes que par le mouuement ?

Si lors que cette liqueur eſt deſcenduë de ce viſcere dans ceux qui entourent le meſentere, le preſſement continuel du bas ventre, vient à en exprimer les plus delicates parties à trauers les pores qui reſpondent aux petits conduits, qu'on nomme les veines de laict, & à repouſſer les plus terreſtres parties

parties de cette mesme liqueur dans les gros intestins, pour en décharger le corps comme d'vn faix inutile; ne doit-on pas encore attribuer cét effect au mesme mouuement ?

Que si de là, le plus delicat & le plus precieux de cette liqueur passant dans les conduits, que les yeux n'ont pû suiure par tout, & dont la seule adresse de Monsieur Pequet a sceu démesler les destours, il deuient plus excité qu'auparauant, soit qu'vne portion de bile s'y méle pour luy donner plus d'action, soit que forçant des dassages trop étroits, ses parties acquierent plus d'émotion; & à cause de cela commencent à repousser autrement qu'elles ne faisoient la lumiere contre nos yeux ; on verra que tout cela se fait par le mouuement.

Que s'il se méle auec le sang qui coule desja dans les veines, & que suiuant son cours dans les vaisseaux, que la nature a meçaniquement disposez à cét vsage, il va iusques au cœur, où il acquiere encore plus de chaleur & d'action pour passer enfin dans les arteres ; Cela sans doute est encore vn effect du mouuement & de la disposition de toutes ses parties.

Que s'il est poussé dans les arteres auec vn effort, qui les fasse enfler iusques aux extremitez, en sorte que leurs peaux s'estendant, & que leurs pores s'ouurant, il puisse eschapper des particules de ce sang par ces pores, qui soient ajustez à leurs figures ; Cela n'ariue-t'il pas par le mouuement ?

Que si ces particules, qui s'échappent, estant de differentes figures, & moins solides les vnes que les autres, selon les diuerses preparations qu'elles ont receu, & les differens endroits où elles ont passé, elles vont, ou plus loing, ou plus prés se méler entre les filets droits ou courbez, qui composent desja les chairs, en ſorte qu'elles y faſſent croiſtre la maſſe des parties, qui leur ſont ſemblables ; tout cela ne ſe fait-t'il pas par le mouuement ? Et cette aſſimilation, dont la raiſon peine tant ceux, qui la vont chercher où elle n'eſt pas ; eſt-elle ſi difficile à conceuoir par ce biais ?

Par cette ſuite, on a pû, ce me ſemble, apperceuoir, que la meſme maſſe, qu'on diſoit auoir dans vn certain arrangement la forme de pain, a paſſé, lors que ſes meſmes parties ont eſté plus diuiſées, & autrement ajuſtées les vnes aux autres, en vne liqueur à qui, dans ce nouuel arangement, on a aſſigné vne forme. Enfin on a pû obſeruer que cette meſme liqueur, dont toutes les gouttes paroiſſoient vniformes quand ſes particules eſtoient bien mélées, n'eſtoit pourtant pas compoſée de parties toutes ſemblables, puiſque la diuerſité de leur figure & de leur groſſeur, leur a donné moyen de paſſer par des endroits ſi differens, & de former en l'vn de la chair, en l'autre de la graiſſe, en vn autre des cheueux, & en vn autre vne autre choſe; En ſorte qu'aucune de toutes ces parcelles n'eſt perie: mais a tellement changé ſa figure, ſa ſituation & ſon mouuement; qu'à voir ce qu'elle eſt en l'homme, on a peine à croire ce qu'elle fut dans le pain. Et cela arriue, parce qu'ordinairement on ne ſuit pas aſſez exactement dans ſon progrés la cauſe du changement de chaque particule, & ne conſiderant pas que c'eſt par le mouuement qu'elle paſſe peu à peu d'vn eſtat en l'autre; on vient tout à coup à conſiderer celuy où elle a eſté autrefois, & celuy ou l'on la void pour lors comme deux choſes ſi étrangement differentes; qu'on s'imagine que ce changement doit auoir vne cauſe toute autre que le mouuement, & pour l'aſſigner, on dit qu'il y a nouuelle forme.

Au reſte, il ſeroit facile, en ſuiuant toûjours ces petites particules, que i'ay laissées en differens endroits de nos membres, d'expliquer pourquoy leurs mouuemens, estant trop grands, elles sortent du corps sans s'y arrester, de maniere qu'il en deuient presque sec. Ie pourrois aussi expliquer quelle est la figure des parties qui font la graisse; comment faute d'vn assez grand mouuement, ou pour estre trop abondantes, elles s'embarassent; comment puis apres elles s'épuisent ; Et enfin quel est le cours different des particules que les arteres poussent hors d'elles, suiuant la difference des âges, des lieux & des saisons. Mais ie passerois les bornes que ie me suis prescrites, & il me suffit d'auoir tenté d'expliquer tous les mouuemens, qui nous sont connus, par vne seule definition, ou (ce qui est la mesme chose) de montrer que tous les mouuements sont d'vne mesme espece, & que c'est plustost la diuersité de leurs degrez, ou de leurs effects sensibles, que la difference de leur nature qu'on a voulu marquer quand on leur a donné, tantost le nom de mouuement local, ou changement de lieu, & tantost celuy de changement de quantité, de qualité, ou de forme.

Le mesme se doit dire du Repos : car tant qu'vne masse demeurera appliquée aux mesmes parties des corps enuironanns, on appellera cét estat repos de lieu. DV REPOS

Que si les parties de cette masse estant vn peu en mouuement, on ne void point que pour cela elles se quittent, ny qu'elles admettent entr'elles aucune nouuelle partie, qui leur soit semblable ; on dira qu'elle n'augmente, ny ne diminuë, & cét estat s'appellera vn repos de quantité.

En suitte, tant qu'on verra que les parties de cette mesme masse, garderont toûjours assez d'vne certaine situation pour produire toûjours vn certain effect sur nos sens, quoy que d'ailleurs elles se meuuent, on nommera cét estat vn repos de qualité.

Et enfin, tant qu'il luy restera assez de cét arrangement de parties, auquel on fait consister sa nature particuliere; on appellera cét estat le repos de forme.

Donc, si vne masse demeure en mesme estat; c'est que ses parties n'ont point changé leur situation: Et si cette masse change d'estat; c'est parce que ses parties ne sont plus en mesme situation.

QVE LES MACHINES artificielles & les naturelles n'ont qu'vne mesme cause de leur mouuement. Et quelle est cette cause à ne considerer que les Corps.

III. DISCOVRS.

TOVT ce que nous admirons dans les ouurages de l'Art, ou de la Nature, est vn pur effet du mouuement & de l'arangement, qui, selon leurs diuersitez, font que les choses sont propres à differents vsages. Mais à fin que nous puissions connoistre cela par les exemples, ie pense n'en pouuoir choisir qui nous puissent mieux conuaincre, que la Montre, & le Corps de l'homme.

On eſt aſſez perſuadé que l'arangement des parties d'vne Montre eſt la cauſe de tous ſes effets : & ſoit qu'elle marque les heures; ſoit qu'elle les ſonne; ſoit qu'elle deſigne les iours, les mois, & les années; ou qu'elle faſſe des choſes encore plus difficiles & plus rares; on ne cherche point de *forme*, de *facultez*, de *vertus occultes*, ny de *qualitez* en elle. On aſſure meſme, qu'elle n'eſt point animée, par ce que l'on peut rendre raiſon de tout ce qu'elle fait, par le mouuement & la figure de ſes parties.

Ce n'eſt pas toutesfois qu'il y ait d'argument pour montrer qu'elle n'a point d'ame : & à peine pourroit-on conuaincre vn homme, qui pour prouuer qu'elle auroit vne faculté, vne ame, ou vne forme, diroit que ſi-toſt que ſes diuerſes parties ſont ajuſtées d'vne certaine façon, ce qui doit l'animer s'y introduit : par la regle *diſpoſitionem habenti non denegatur for-*

ma. Qui eſt vne loy que certaines gens tiennent ſi infaillible ; que celuy qui s'eſtoit flatté de diſpoſer vne maſſe comme le corps d'vn homme, eſperoit que l'ame ne ne manqueroit pas à ſa machine ; & il en eſtoit ſi perſuadé, que quand il ſe propoſoitde la faire, il ne diſoit pas qu'il feroit vn corps ſemblable au noſtre ; il diſoit tout franc qu'il feroit vn homme comme nous.

A vn tel Philoſophe, il ſeroit bien difficile de perſuader qu'vne Montre n'euſt point d'ame, s'il s'auiſoit de ſoûtenir qu'elle en euſt. Mais à des gens raiſonnables, & qui ſçauent qu'il ne faut pas multiplier les eſtres ſans neceſſité, il ſuffit, pour croire qu'elle n'en a point, de voir que tout ce qu'elle fait ſe peut expliquer par le corps.

Comme ie ſuppoſe que chacun ſçait quelle eſt la compoſition d'vne Montre, & que l'on en connoiſt toutes les pieces ; ie ne m'arreſteray point à expliquer comment vne roüe emporte l'autre ; ny comment chacune, ſelon qu'elle rencontre les diuerſes pieces de la machine, leur donne les diuerſes directions, qui la rendent propre à la fois à tant d'vſages differents. On ſçait par quel artifice on a reglé tous ſes mouuemens, & ie ne m'amuſeray pas à examiner comment la corde, qui ſert à contraindre le reſſort, ſert à faire que toutes les pieces ſuiuent le mouuement de ce reſſort : mais ie penſe qu'il eſt vtile à noſtre, deſſein de nous arreſter, pour conſiderer qu'elle eſt la cauſe d'vn tel reſſort.

Toute l'Eſcole dit, que cela ſe fait par vne vertu *elaſtique*, c'eſt à dire, en langage vulgaire, qu'il y a quelque choſe, qui a le pouuoir, ou la vertu de faire ce reſſort : mais ce n'eſt pas expliquer cette choſe.

Pour moy ie me ſuis imaginé

que comme tout ce qui ſe paſſe dans la Montre entre le reſſort & l'éguille, ſe fait parce qu'vn corps en meut vn autre; il y auoit grande apparence que les parties du reſſort (qui n'eſt qu'vne l'ame d'acier tournée autour d'vn arbre, ou piuot) eſtoient auſſi pouſſées par quelque autre corps.

Et ie ne me pouuois payer de la penſée de ceux, qui diſent, que s'il a eu beſoin d'vn autre corps pour eſtre contraint, il n'a beſoin que de luy-meſme pour ſe détendre. Car il eſt certain que cette force, qu'il faudroit qu'il euſt de ſe remettre, ne peut eſtre qu'vn mouuement, que ie ne conçois pas qu'vn corps * puiſſe auoir de luy meſme: d'où il s'enſuit que, ſi vn corps doit perſeuerer en cét eſtat où on le met, tant que rien ne ſuruient qui le change; lors que cette lame d'acier, qui eſtoit droite, a eſté courbée, elle a deu demeurer en ce dernier eſtat, & non pas retourner au premier: puiſque, pour demeurer au dernier eſtat; il ne falloit

* On en peut voir les raiſons dãs le 4e. diſcours

rien changer : Et pour retourner au premier ; il a fallu vn mouuement, dont ie ne conçois pas que la cause puisse estre en cette lame : au contraire, ie vois qu'auant que d'estre courbée elle estoit en repos ; ensuite ie vois que le mouuement qui l'a courbée, luy a esté donné par la rencontre & à l'occasion d'vn autre corps ; & que ce mouuement cessant d'estre en elle, il faut, ou qu'elle demeure en l'estat où elle se trouue quand il cesse, c'est à dire, il faut qu'elle demeure en repos & pliée ; ou il faut que la rencontre de quelque autre corps, luy donnant occasion de se mouuoir de nouueau, la fasse retourner en sa premiere situation. Et encore que nos sens ne nous fassent pas apperceuoir le corps qui luy communique le mouuement par lequel elle se redresse, comme ils nous font apperceuoir le corps qui luy communique celuy par lequel elle est pliée ; Neantmoins la raison de tous les deux estant également éuidente, nous ne deuons pas rester moins conuaincus de l'vn que de l'autre. Mais parce que nos ſens ont ſouuent ſeruy à nous aſſeurer de la preſence des corps, nous les implorons tousjours : Et quand leur ſecours nous manque ; à peine nous pouuons nous reſoudre à croire ce que la nature meſme nous perſuade.

Toutefois nous pouuons nous tirer de cette difficulté ſi nous Prenons garde à deux choſes. La premiere eſt, qu'auant que les Microſcopes euſſent eſté inuentez, nous n'auions pas le moyen de connoiſtre par les ſens mille particularitez de la figure & des mouuemens de pluſieurs petites parties de nos corps : & il eſt certain que ſi, parce que nous ne pouuions alors ſentir ces petites parties, nous euſſions voulu nier, ou ſeulement, ſi nous euſſions eu peine à croire qu'il y en euſt de telles, nous aurions manqué de raiſon.

La ſeconde eſt, que puis qu'vne fois nous auons eſté conuaincus qu'il y a des choſes plus petites que celles que nous apperceuions, lors que nos yeux n'eſtoient point aidez par les lunettes; Nous pouuons conjecturer qu'il y en a encore de plus petites que celles que ce nouuel artifice nous a fait apperceuoir. Et en cela le raiſonnement, qui doit s'étendre au delà, du ſentiment, nous doit ſecourir : & nous deuons conſiderer, que, s'il faut à vne portion de matiere vne certaine groſſeur pour émouuoir les nerfs par l'entremiſe deſquels nous ſentons ; il ne faut que la moindre eſtenduë pour faire vn corps. D'ailleurs, s'il eſt vray que le moindre corps doit auoir figure & peut eſtre meu; & s'il eſt vray enfin que les loix de la nature ſoient les meſmes à proportion pour les petites & pour les grandes maſſes, on peut raiſonner de la figure & des mouuemens des corps que l'on ne void pas, par ce que l'on connoît des figures & des mouuemens des maſſes que l'on apperçoit.

Par exemple, comme on void que les doigts d'vn gant estans affaissez les vns sur les autres se peuuent separer & s'enfler quand on y met la main ou quelque autre corps visible; de même on doit cõjecturer, quand on les voit s'enfler, par quelque souffle; que cette enflure s'est faite par l'entrée de quantité de petits corps dont le nombre est si grand, qu'encores qu'aucun ne soit visible, neantmoins tous ensemble renfermez dans le gant le font éleuer de sorte, que tant qu'ils resteront dedans, il demeurera aussi tendu que si quelque main le remplissoit.

Si cela est vray d'vn gant dont on void les cauitez; cela peut estre uray de toute autre chose dont on ne void point les pores. Ainsi encores que l'acier, qui fait le ressort d'vne montre, ait les pores trop petits pour estre apperceus, quand les yeux ne sont point aydez de microscopes: Neantmoins nous ne deuons pas auoir de peine à entendre, que, tout petits que sont les pores de la lame d'acier, ils donnent passage à vne matiere assez subtile pour s'y pouuoir insinuer lors que la lame est toute droite : car en ce cas trouuant chaque pore égal à l'entrée & à la sortie, rien n'arreste son cours en tout sens. Mais quand cette lame vient à estre courbée, cõme ses parties s'écartent du costé de la superficie conuexe & se rapprochent en la concaue ; il s'ensuit que les pores s'étressissent en l'vne & s'élargissent en l'autre : de sorte que la matiere subtile, qui y coule incessamment rencontrant le costé de chaque pore qui est le plus ouuert, s'y insinuë abondamment, & trouuant l'autre costé plus estroit, elle fait vn effort continuel pour écarter les parties ainsi r'approchées, & continuer son cours en ligne droite : ce qui ne se peut faire qu'en redressant cette lame, c'est à dire, en remettant toutes ses parties en leur premiere situation.

Et il eſt à remarquer que cela arriue tout d'vn coup, ſi la force qui a plié cette lame ceſſe tout d'vn coup : parce que comme chacun de ſes pores eſt enfilé par vne ligne de cette matiere ſubtile ; toutes conſpirant à la fois & forçant chaque endroit de la lame, la remettent en meſme inſtant en ſon premier eſtat : ce qui au contraire n'arriue que peu à peu, ſi la force qui retient la lame pliée, n'eſt qu'vn peu moindre que celle, auec laquelle les parties de là matiere ſubtile tendent à s'inſinuer dans les pores de cette l'ame.

On me dira, peut-eſtre, que ſi cette matiere ſubtile eſt commode pour l'explication du reſſort, elle n'eſt pas ſi facile à ſuppoſer, que l'on doiue en admetttre la ſuppoſition ſans l'examiner.

A cela ie reſpons, en premier lieu, que comme celuy qui void enfler vn gant, doit raiſonnablement ſuppoſer qu'il y entre de la matiere, quand mesme elle est trop delicate pour estre apperceuë : de mesme, nous qui sçauons qu'il y a des pores dans la lame d'acier ; que sa courbeure ne consiste qu'en ce que ses pores s'eslargissent en l'vne des superficies, & se retressissent en l'autre ; que les parties de cette lame ne peuuent se remettre en leur premiere situation si chacun de ses pores n'est remis en son premier estat ; & qu'ensin cela ne peut arriuer, si quelque matiere ne s'y insinuë ; nous deuons de necessité conclurre, qu'il y a vne matiere assez subtile pour cela. Ainsi la supposition est non seulement facile, mais elle est necessaire,

En second lieu, ie respons, que l'on peut aisément reconnoistre, qu'il y a vne matiere, dont les parties sont tres-subtiles, & tousjours dans vn tres-grand mouuement qu'elles cõmuniquent (tout imperceptibles qu'elles sont) aux parties des masses ou des liqueurs sensibles.

Qui met la main dans de l'eau, reconnoist bien que les parties de cette eau sont en mouuement, & que les vnes ne sont point attachées aux autres : car autrement elles ne cederoient pas si facilement aux parties de la main. Et de faict, quand l'eau vient à se geler & que toutes ses parties sont en repos, il n'est plus permis d'y enfonser la main, & si vous en retirez quelque bâton, elles ne se rapprochent point pour remplir l'endroit dont vous l'auez tiré. D'où peut donc venir que les parties de cette eau ont quelquefois du mouuement, & que d'autres fois elles n'en ont pas ? Il faut bien que ce soit, parce que d'autres corps agitent quelque fois ses parties, & que d'autres fois ils ne les agitent pas, ainsi que l'on void qu'vne balle, ou toute autre masse visible remuë quand elle est poussée, & ne remuë pas quand on ne la pousse point.

Au reste, il ne faut pas penser.

que les parties de l'eau soient si estroitement jointes, qu'elles n'admettent rien entre-elles : car il paroît que ce qui fait la lumiere passe au trauers de l'eau, mesme quand elle est gelée : & les Sçauans ne ne doutent plus que ce qui excite en nous le sentiment de la lumiere, ne soit de la matiere. D'ailleurs cette rigidité des parties de l'eau glacée, marque bien que quand elles deuiennent plus pliantes, cela ne leur arriue, que par ce qu'elles ont à l'entour d'elles des petits corps bien plus émeus que ceux de la lumiere, & si subtils que non seulement ils peuuent couler entre les parties de l'eau, mais encores penetrer les pores de chacune & la redresser quand la rencontre de celles qui la pressent par les bouts l'ont obligée de se plier : ce qui arriue continuellement, tantost à l'vne, & tantost à l'autre. Enfin il est si vray que les parties de l'eau sont tantost plus, & tantost moins agitées selon la matiere subtile qui les entoure,

que

que ſouuent elles le ſont moins que les parties de nos mains, ce qui fait que nous les ſentons froides; & ſouuent elles le ſont beaucoup dauantage, ce qui fait que nous les ſentons chaudes.

On m'objectera, peut-eſtre, que comme ie ne veux pas que les parties du reſſort d'vne Montre, où celles de l'eau, ſe meuuent, ſi elles ne ſont agitées par celles d'vne matiere plus ſubtile; ie dois admettre vne autre matiere encore plus ſubtile que celle-là pour la mouuoir, & que, ſuiuant mon principe, il faudroit chercher l'infiny.

Il eſt vray que les corps qui compoſent cette matiere ſubtile dont ie parle, ne doiuent pas comme corps auoir le mouuement d'eux-meſmes: & ie montre dans le Diſcours ſuiuant, où j'explique ce que c'eſt que le mouuement des corps, quelle en eſt la premiere cauſe, & comment il eſt conſerué;

mais il ſuffit pour leuer la difficulté preſente, de faire deux obſeruations.

La premiere, qu'il y a du mouuement, & que ce qu'il y en a peut bien ſe communiquer d'vn corps à l'autre, mais non pas ſe perdre.

La ſeconde eſt, qu'il y a certaines portions de la matiere bien plus propres à le conſeruer que les autres : qu'entre toutes, les plus petites & les moins rameuſes ſont les plus propres à cela : & que quand les corps ſimples ne ſont point acrochez les vns aux autres, ils ſont plus en eſtat de garder leur mouuement que toutes les portions compoſées, pour petites qu'elles ſoient. Car enfin puis qu'en general chaque portion de matiere & chaque corps garde ſon mouuement tant qu'il ne le communique point à d'autre ; les corps qui ne ſont point accrochez, le doiuent mieux conſeruer que les portions, & les plus petites portions, mieux que les plus grandes. Ioint à cela, que les corps peuuent paſſer dans de moindres interualles que les portions, ils ſont moins ſujets à s'embaraſſer qu'elles, & par la meſme raiſon, les moindres portions y ſont moins ſujettes que de plus grandes, pourueu que la figure ne change rien à l'effet de leur groſſeur.

D'où il ſuit que ce qui eſt plus petit, peut mieux conſeruer le mouuement, & que la matiere la plus ſubtile ſera la plus propre à cela. Et ce qu'il y a de remarquable, eſt que pluſieurs corps ou pluſieurs petites portions qui ſont en mouuement autour d'vne groſſe maſſe, la touchant en diuers endroits, la peuuent quelquefois ébranler iuſques dans le fonds & en diuiſer toutes les parties : ainſi qu'il arriue aux parties d'vn pain-de-ſucre, que celles de l'eau ou des autres liqueurs dissoudent si facilement.

Dautresfois aussi quand les parties de la masse sont bien jointes, les parties de la liqueur qui l'enuironnent, la rencontrant, peuuent toutes ensemble (quoy que chacune en eût rejally, si elle l'eust heurté toute seule) auoir assez de force pour l'emporter, ou en piroüetant, ou en ligne droite, selon que leurs differentes directions se peuuent plus facilement accorder, c'est à dire, de la façon qui change le moins de l'estat de chacune.

Or tandis que les liqueurs ébranlent ainsi les masses; comme les parties de la liqueur sont en vn mouuement beaucoup plus grand que celuy qu'elles donnent à la masse; chacune fait diuers retours entre les autres, ou sur elle-mesme, & puis celles qui se rencontrent d'vn costé de la masse, ne pouuans pousser les autres qu'elles n'en ſoient repouſſées, il y a toûjours occaſion à chacune de receuoir du mouuement auſſi bien que d'en donner.

Cela poſé, il n'y a perſonne de bon ſens, qui ne juge bien que ſi de l'eau eſt vne liqueur à l'égard d'vn brin de paille; l'air eſt vne liqueur à l'égard d'vne partie d'eau; & comme celles de l'eau peuuent faire tourner la paille ou l'entraîner ſans ceſſer de ſe mouuoir, de meſme les parties de l'air entraînent ſouuent celles de l'eau & les enleuent, en les faiſant tourner. De meſme auſſi les parties de la matiere qui cauſe la lumiere, ſont vne liqueur à l'eſgard d'vne partie d'air qu'elles peuuent agiter en diuers ſens. Et de meſme encore vne autre matiere plus ſubtile, pourra eſtre vne liqueur qui pourra eſbranler chaque partie de celle qui cauſe la lumiere. Mais il ne faut pas croire pour cela que le progrez en ſoit infiny; pour deux raisons. L'vne qu'à present il a suffi d'assigner vne liqueur dont les parties fussent plus subtiles que celles de la matiere qui cause la lumiere, pour rendre raison de tout. L'autre est que quand il faudroit en assigner beaucoup d'autres, on conçoit bien que cela ne seroit pas infiny, puisque la matiere n'est qu'vn assemblage de corps dont chacun estant indiuisible, comme ie l'ay montré dans le premier Discours, il suit qu'on ne sçauroit conceuoir de matiere ou de liqueur plus subtile que celle qui ne seroit composée que de corps detachez les vns des autres.

De toutes ces choses il resulte necessairement que les grandes masses sont moins susceptibles de mouuement, & que l'ayant receu, elles le gardent moins que les portions dont les liqueurs sont composées : & qu'entre les liqueurs celles, dont les portions sont le moins composées, sont les plus sufceptibles du mouuement & les plus capables de le garder ; de ſorte qu'il n'y a rien ſi propre à entretenir le mouuement dans toutes ſortes de matieres, que la plus ſubtile liqueur, c'eſt à dire celle qui n'eſt compoſée que des corps ſimples qui coulent les vns entre les autres, ſans s'attacher: & ainſi quand on ne veut point chercher au de-là des corps quelle eſt la premiere cauſe de leur mouuement, & que l'on veut ſeulement ſçauoir quelle eſt la matiere qui excite toutes les autres, & qui entretient tout le mouuement de la nature, il faut aſſigner celle-là.

Ie penſe maintenant que ce que i'ay dit pour expliquer les mouuemens de la Montre ne ſera pas difficile à admettre ; nous auons bien entendu celuy de l'aiguille par celuy d'vne rouë, celuy de cette rouë par vne autre, & de toutes par la corde, tant qu'enfin, paruenus à cette lame d'acier pliée, nous auons reconnu que le mouuement qu'elle auoit en se redressant, deuant proceder de quelque corps, ne pouuoit prouenir que de quelques corps assez deliez pour trauerser ses pores, & assez émeus pour les élargir en celle de ses deux superficies où l'effort qu'on auoit fait pour la plier, les auoit contraints. Sur quoy il est bon de remarquer que ces petits corps tendent toûjours à continuer leur mouuement en ligne droite, & que la contraction de la lame en la superficie concaue interrompt cette ligne.

Il seroit inutile icy de montrer que tout mouuement tend à continuer en ligne droite : Car outre que chacun en sçait les raisons ; l'experience de tous les mouuemens des corps sensibles nous conuainc de cette verité : la pierre qui s'échape de la fonde que l'on tourne en rond, & les parties qui s'échapent d'vne rouë qui tourne auec effort, le font assez voir : Mais il n'est pas hors de propos de remarquer que quand i'assigne le mouuement de la Montre à vne matiere dont les parties ſont tres-ſubtiles, toujours émeuës, & tendantes en lignes droites, ie ne dis rien qui ne ſoit tres-intelligible, qui ne ſoit reconnu par experience, & meſme qui ne ſoit neceſſairement vray.

Il eſt bon auſſi de faire encore vne ſeconde remarque, qui eſt que la Montre a tant de rapport à cette matiere ſubtile; que s'il eſtoit poſſible de l'empeſcher de couler dans les pores de la lame d'acier, il n'y auroit plus de reſſort & la Montre reſteroit ſans mouuement.

Voyons maintenant s'il eſt ainſi des mouuemens de noſtre corps.

Comme ie ſuppoſe que l'on ſçait quelle en eſt la compoſition, ie ne m'arreſteray point à expliquer comment les os, qui ſont d'vne conſtitution plus ſolide que le reſte du corps, ſoûtiennent toutes les autres parties ; pourquoy ils ſont diuerſement articulez ; quels en ſont les liens ; quelles les enueloppes ; de quelle chair ils ſont entourez ; de quelle façon les muſcles s'attachans à leurs extremitez, ſeruent à les tirer en diuers ſens ; quelle communication ces muſcles ont auec le Cerueau par les nerfs qui ne ſont que des ſuites & des alongemens du cerueau meſme ; comment ces nerfs ſont quelquefois pleins & quelquesfois vuides des eſprits qui y ſont coulez du cerueau ; comment les eſprits qui ne ſont que les plus ſubtiles parties du ſang, & les plus eſchauffées, montent du cœur dans le cerueau par les arteres carotides ; ny en fin que c'eſt dans le cœur, que le ſang s'échauffe & qu'il eſt en l'homme ce que le reſſort eſt en la Montre.

Mais il me ſemble que comme on ne ſçait pas communemenr quelle eſt la cauſe du reſſort de la Montre, on ne ſçait pas auſſi fort communement quelle eſt la cauſe de ce grand mouuement qui arriue aux parties du ſang quand il eſt dans le cœur.

Pour moy ie penſe que la meſme matiere qui cauſe le reſſort de la Montre, cauſe auſſi le mouuement du cœur.

I'ay déja montrê, ce me ſemble, que la matiere ſubtile eſt cauſe de tous les mouuemens que nous voyons dans les maſſes, ou dans les liqueurs ſenſibles.

Maintenant il faut remarquer que cette matiere ſubtile ſe rencontre en deux ſortes d'eſtats. Où elle fait corps à part, c'eſt à dire, qu'elle ſe trouue en quelque quantité ſans meſlange d'aucune matiere, plus groſſiere; ou bien elle ſe trouue mélée auec les parties des matieres groſſieres.

Dans le premier eſtat, elle eſt cauſe de cét éclat que nous appellons lumiere; & de faict, nous voyons que toutes les manieres de produire la lumiere aux endroits où il n'en paroist point, ne consiste qu'à trouuer les moyés de separer les matieres grossieres & de faire en les écartant les vnes des autres, vn foyer de la matiere la plus subtile. Ainsi lors qu'à l'aide d'vn miroir ardent on assemble plusieurs rayons vers vn mesme point, les parties qui les composent estant fort émeuës, tendent fortement à se chasser de l'endroit où elles se rencontrent; en sorte qu'il se remplit de la matiere la plus subtile, qui, formant vn petit tourbillon, pousse toute la matiere qui l'enuironne, & rencontrant celles, dont les parties peuuent émouuoir nos yeux, excite en nous par leur moyen, le sentiment de la lumiere.

De mesme lors qu'on frappe deux cailloux l'vn contre l'autre, leurs parties estant fort roides, celles qui se rencontrent en leur superficie à l'endroit du coup, se rabattent auec effort ſur celles qui ſont au deſſous, d'où elles rejalliſſent auec vne telle violence, que ſe ſeparant en petits éclats & piroüettant en l'air, elles en écartent les parties ; en ſorte que, n'eſtans plus entourées que de la plus ſubtile matiere ; toutes leurs extremitez en ſont ſi ébranlées, que rencontrant cette matiere qui nous fait ſentir la lumiere, elles la pouſſent contre nos yeux d'vne façon ſi forte qu'elle nous fait voir quelque choſe de plus rouge & de plus vif que la lumiere ordinaire: & ces parties du caillou ainſi excitées par la matiere ſubtile qui les entoure, peuuent en communiquant leur mouuemẽt aux maſſes auſquelles elles ſont appliquées, cauſer de grands embraſemens.

Que ſi cette matiere ſubtile coule dans les pores de quelque maſſe qu'elle diſcute en ſi petites parties que chacune d'elles n'ait pas aſſez de force pour communiquer ſon mouuement aux parties des maſſes voiſines, mais ſeulement aux parties de la matiere qui peut exciter les nerfs de nos yeux, elle pourra causer de la lumiere sans brusler, comme il arriue au bois pourry, dont les parties amenuisées par cette matiere subtile, n'ont pas la force d'ébranler les corps ausquels elles s'appliquent ; quoy qu'elles puissent émouuoir les particules qui excitent le sentiment de lumiere en nous : d'où vient qu'elles ne brûlent pas, quoy que souuent elles luisent.

Mais au contraire il y a des feux qui consument sans briller : & c'est l'effect de la matiere subtile considerée dans le second estat, c'est à dire, quand elle est mélée aux parties des matieres grossieres.

Quelque-fois elle fait vne si grande discussion dans certaines masses, par exemple, dans des fruicts, ou de la chair ; que, quoy qu'en les touchant, on ne les sente pas chaudes, parce que leurs parties sont trop diuisées pour rendre leur mouuement sensible; neantmoins on les voit se quitter, & c'est ce qu'on appelle gangrenne, ou pouriture.

Quelquesfois en versant certaines liqueurs sur certaines masses, elles s'insinuent dans leurs pores: mais, comme elles ne les remplissent pas exactement, & que les parties de l'air ny des autres matieres enuironnantes n'y peuuent couler auec elles; il s'y coule de la matiere subtile qui, les entourant de toutes parts, leur communique vn si grand mouuement; qu'elles ébranlent toutes les parties entre lesquelles elles sont engagées, & les font boüillir pelle-mesle; ce qui dure autant de temps qu'il en faut à ces liqueurs, pour s'insinuer, dans tous les pores des masses: Et voilà ce qui arriue à la chaux viue, quand on y verse de l'eau.

Quelquesfois aussi la matiere subtile eſt cauſe que deux liqueurs qui nous refroidiſſent les mains, auant que d'eſtre mélées, nous brûleroient ſi nous y touchions, quand on les a verſées dans vn meſme vaiſſeau, & cela arriue toutes les fois que l'vne des deux liqueurs a les parties faites de ſorte qu'elles ſe peuuent inſinuer entre les parties de l'autre, ſans laiſſer entr'elles que ce qu'il faut d'eſpace à la plus ſubtile matiere. Car dés le moment qu'elle les entoure, elle leur communique ſon mouuement, les échauffe & les fait boüillir.

C'eſt de cette maniere que le ſang s'échauffe dans le cœur de l'homme : car comme il ne chaſſe pas dans les deux arteres, à chaque diaſtole, tout le ſang dont il eſt plein, & qu'il en reſte toûjours dans ſes cauitez, dont les particules s'attenuent par la demeure qu'elles y font ; le nouueau ſang qui y tombe des deux veines, ne s'y peut méler ſans s'éleuer incontinent, à cauſe que les parties qui eſtoient
reſtées

restées dans le cœur, s'insinuant entre celles qui y suruiennent, il ne reste entr'elles que la plus subtile matiere, qui les échauffe si vîte & si à propos; que le cœur venant à se comprimer, fait qu'elles entrent auec effort dans les deux arteres, dont elles poussent tout le sang jusques aux extremitez du corps: ce qui ne se peut faire, sans qu'il entre du sang des arteres dans les veines à cause de la communication qu'elles ont ensemble, & sans que le sang qui entre dans les veines par leurs extremitez, repousse tout le sang dont elles sont pleines vers le cœur: or pendant que ces choses se font, vn peu de sang resté dans le cœur s'attenuë & se fermente pour exciter celuy que les deux veines y laissent tomber.

Ainsi l'action du cœur continuë, il enuoye toûjours du sang chaud aux extremitez, qui repousse celuy des extremitez vers le cœur, pour s'y rechauffer : & comme les arteres ſont poreuſes, leur mouuement qui répond à celuy du cœur, fait qu'en certains momens leurs pores s'ouurent, & laiſſent échapper des parties du ſang qui ſe joignant à celles des chairs, des os, ou des muſcles, en font la nourriture.

Il y en a meſme qui s'échappent ſans qu'on s'en apperçoiue, & d'autres qui au ſortir de la peau, ſe joignent & paroiſſent comme de l'eau. Ainſi c'eſt par la matiere ſubtile que le ſang eſt échauffé : c'eſt par elle qu'il eſt en eſtat de nourrir le corps : & (ce qui fait le plus à noſtre ſujet) c'eſt par elle que le ſang monte dans les carotides & puis dans le cerueau, où les plus ſubtiles parties paſſans en des endroits où les autres ne ſe peuuent inſinuer, elles ſe demeſlent des plus groſſieres & font cette foule de petits corps que leur agilité fait nommer les eſprits, & qui coulans par les nerfs dans tous les muſcles, font mouuoir noſtre corps en tant de façons admirables. Ce ſont ces meſmes eſprits, dont vne partie coulant par vne branche du nerf de la ſixiéme conjugaiſon dans les fibres qui compoſent les chairs du cœur, ſont c uſe de ſes battemens; de ſorte que le cœur eſt tout à la fois vn vaiſſeau où le ſang s'échauffe, & vn muſcle qui pouſſe le ſang vers toutes les extremitez, apres qu'il eſt échauffé: & comme le cerueau reçoit de luy le ſang dont ſe forment les eſprits: il reçoit du cerueau les eſprits qui luy ſeruent à chaſſer le ſang vers toutes les parties du corps.

Ie n'explique pas plus auant toutes ces choſes, & il me ſuffit d'auoir montré par les exemples de la Montre & du Corps de l'homme, que les machines artificielles & naturelles n'ont qu'vne meſme Cauſe de leur mouuement, &

qu'à ne considerer que les corps, cette Cause est la plus subtile matiere.

DE LA PREMIERE CAVSE DV MOVVEMENT.

IV. DISCOVRS.

A NE considerer que les corps, on ne doit chercher la cause de tous les mouuemens, que dans la matiere la plus subtile. Mais elle n'a pas le mouuement d'elle-mesme; & si l'on en veut trouuer la veritable cause, il faut aller au delà des corps. Et comme cette découuerte est l'vne des plus importantes & des plus difficiles que l'on puisse tenter, il n'y faut aller que pas à pas. C'est pourquoy suiuant la Methode des Geometres, j'expliqueray d'abord quelques termes dont ie me veux seruir, & qui pourroient faire équiuoque : Enſuite ie poſeray quelques Axiomes : Puis ie feray mes propoſitions. Ainſi chaque choſe eſtant ſeparée, ſe pourra mieux examiner; & s'il y a du paralogiſme, on le pourra plus facilement connoiſtre, que ſi ie faiſois vn diſcours dont toutes les parties euſſent plus de liaiſon.

DEFINITIONS.

1. Cauſer le mouuement des corps, ne ſignifie autre choſe que mouuoir les corps.

2. Auoir du mouuement, ne ſignifie autre choſe qu'eſtre meu.

AXIOMES.

1. On n'a pas de ſoy, ce qu'on peut perdre, ſans ceſſer d'eſtre ce qu'on eſt.

2. Tout corps pourroit perdre de ſon mouuement juſques à n'en auoir plus, ſans ceſſer d'eſtre corps.

3. On ne peut conceuoir que

deux ſortes de ſubſtances, ſçauoir *l'Eſprit* (ou, ce qui penſe) & *le Corps:* C'eſt pourquoy on les doit conſiderer comme les cauſes de tout ce qui arriue; & ce qui ne peut venir de l'vne, ſe doit neceſſairement attribuer à l'autre.

4. *Mouuoir* (ou cauſer le mouuement) eſt vne action.

5. Vne action ne peut eſtre continuée que par l'agent qui l'a commencée.

CONCLVSIONS.

I.

Nul Corps n'a le mouuement de ſoy-meſme.

Par le premier Axiome, on n'a pas de ſoy ce qu'on peut perdre ſans ceſſer d'eſtre ce qu'on eſt. **Preuue.**

Or par le ſecond, tout corps peut perdre ſon mouuement ſans ceſſer d'eſtre corps.

Donc nul corps n'a le mouuement de ſoy-meſme.

II.

Le premier moteur des Corps n'est point corps.

Preuue. Si le premier moteur des Corps estoit corps, il s'ensuiuroit qu'vn corps auroit le mouuement de soy-mesme.

Or par la premiere proposition, nul corps ne l'a de soy.

Donc le premier moteur des Corps n'est point corps.

III.

Ce ne peut estre qu'vn Esprit qui soit premier moteur.

Preuue. Par le premier Axiome il n'y a que deux sortes de substances, sçauoir le Corps & l'Esprit, & ce qui ne peut appartenir à l'vne, se doit necessairement attribuer à l'autre.

Or par la seconde proposition, vn corps ne peut estre premier moteur.

Donc ce ne peut estre qu'vn esprit qui soit premier moteur.

IV.

I V.

Ce ne peut estre que le mesme Esprit qui a commencé de mouuoir les corps, qui continuë de les mouuoir.

Posé que suiuant l'axiome IV. mouuoir les corps soit vne action; & que suiuant l'axiome V. vne mesme action ne puisse estre continuée que par l'agent qui la commencée : Il s'ensuit que si vn esprit a commencé de mouuoir les corps, le mesme esprit doit continuer de les mouuoir. Preuue.

Or par la troisiéme proposition c'est vn esprit qui a commencé de mouuoir les corps.

Donc ce ne peut estre que le mesme esprit qui continuë de les mouuoir.

On peut trouuer plus de difficulté en cette derniere proposition que dans les precedentes: parce que l'on est persuadé qu'vn corps en peut mouuoir vn autre; Et l'on s'imagine que pourueu que l'esprit, qui a esté reconnu dans la troisiéme proposition pour premier moteur, ait vne fois agité certaines portions de la matiere; elles en ont pû mouuoir d'autres: on croit mesme auoir reconnu dans toutes les experiences des choses sensibles, que c'est toûjours vn corps qui en fait mouuoir vn autre.

Mais pour ne se point tromper, il faut soigneusement discerner ce qu'on a effectiuement reconnu, d'auec ce qu'on a seulement conjecturé touchant cela: car c'est de la confusion de ces deux choses que viennent toutes nos erreurs sur ce poinct.

Lors qu'on dit, par exemple, que le corps B a chassé le corps C de sa place; si on examine bien ce qu'on reconnoist de certain en cela; on verra seulement que B estoit meu, qu'il a rencontré C lequel estoit en repos, & que depuis cette rencontre le premier cessant d'estre meu, le second a commencé de l'estre. Mais que l'on reconnoisse que B donne du mouuement à C? cela n'est, en verité, qu'vn prejugé de ce que nous ne voyons pour lors que ces deux corps, & que nous auons coustume d'attribuer tous les effets qui nous sont connus, aux choses que nous apperceuons, sans prendre garde que souuent ces choses sont incapables de produire de tels effets, & sans considerer qu'il peut y auoir mille causes, qui, tout imperceptibles qu'elles sont, peuuent produire des effets sensibles.

Cependant nous sommes desja conuenus qu'vne cause imperceptible peut causer vn effet sensible; puisque nous auons esté obligez dans la troisiéme proposition d'admettre vn esprit que nous ne voyons pas, pour causer du mouuement que nous apperceuons dans les corps.

Ainſi il reſte de voir ſi, lors que nous diſons que B a chaſſé C de ſa place, nous auons raiſon de penſer que le mouuement de l'vn ait pû eſtre produit par l'autre ; car au cas que nous reconnoiſſions que le corps B, qui, de toutes les choſes qui nous paroiſſent pour lors, eſt la ſeule que nous jugeons capable de cét effet, ne le puiſſe produire ; il faudra conclure que la cauſe en eſt cachée aux ſens, & taſcher de la découurir par la raiſon.

Premierement quand on a dit que B eſtoit meu, ſi l'on n'a pas penſé à ce qui le faiſoit mouuoir, on a entendu qu'il eſtoit en vn certain eſtat, & en ce ſens on n'a pas pû croire qu'il peût communiquer ſon mouuement à C. car l'eſtat d'vn corps ne paſſe point dans vn autre.

Secondement, ſi lors qu'on a dit que C a commencé d'eſtre meu, on a penſé à ce qui le faiſoit mouuoir ; on n'a pas pû croire que ce fust B. parce que luy-mesme n'estoit plus en mouuement & commençoit d'estre en repos.

Ainsi puisque, de quelque façon qu'on prenne le mouuement, celuy du corps C ne peut auoir esté causé par le corps B ; il faut conclurre que la cause en est insensible. Et enfin puisque nous sommes asseurez par la troisiéme proposition qu'vn esprit est premier moteur, si nous supposons que B ait esté meu par cét esprit iusqu'à ce qu'il ait rencontré C ; nous ne deuons point douter lors que C commence d'estre meu, que ce ne soit par le mesme esprit : Il est capable de mouuoir C comme il estoit de mouuoir B ; & nous voyons que B. en repos n'est pas capable de mouuoir C.

Mais, dira quelqu'vn, si B gardoit la moitié de son mouuement, apres auoir rencontré C ; ne pourroit-on pas asseurer, s'ils continuoient d'aller ensemble, que B feroit mouuoir C ? Non, ce me femble ; Et quand on dit que B, qu'on fuppofe eftre meu par le premier moteur, garde la moitié de fon mouuement; on doit entendre que, fi cét efprit le mouuoit comme huict, il ne le meut plus que comme quatre apres la rencontre de C: & que C commence d'eftre meu comme quatre par le mefme efprit. On doit auffi prendre garde que chacún de ces corps, quand il eft meu, a tellement fon mouuement à foy, qu'il n'en a iamais que pour foy : Ce qui paroiftroit, fi l'on fuppofoit (comme on fçait que cela peut arriuer) que le corps B rejallift du corps C en mefme temps que C feroit émeu par fa rencontre. Car encore qu'en ce cas, on peuft dire que le fecond feroit meu par ce qui auroit meu le premier, & qu'on deuft rabattre fur le mouuement de celuy cy les degrez dont celuy-là commenceroit d'eftre meu ; neantmoins, on ne pourroit dire que les degrez qui feroient reftez à l'vn, ſeruiſſent à l'autre : puis qu'ils iroient également, apres eſtre ſeparez. Et par la meſme raiſon, on ne doit pas dire, quand ils continuent d'aller enſemble, que l'vn aille par l'autre ; mais ſeulement, qu'eſtans dirigez en meſme ſens, & auec autant de degrez de mouuement, ils doiuent aller également viſte, & ainſi ne ſe point quitter.

Ce qui eſt dit du corps B & du corps C ſe doit entendre de tous les corps, qui ſe peuuent rencontrer : Et l'on doit conceuoir, quelque coûtume qu'on ait de croire le contraire, que ce qui a meu les premiers, doit mouuoir tous les autres : puis que ce qui produit, conſerue ; & que la meſme action qui a commencé le mouuement, le doit continuer.

Donc ce qu'on doit entendre quand on dit que les corps meuuent les corps ; c'eſt qu'eſtans tous impenetrables, & ainſi les meſmes nepouuans toûjours eſtre meus, du moins auec égale viſteſſe ; leur rencontre eſt vne occaſion à l'eſprit, qui a meu les premiers, de mouuoir les ſeconds. Or comme nous ne conſiderons pas toûjours cette premiere cauſe qui fait mouuoir, & que nous ne nous arreſtons qu'à ce qui ſe voit ; parce que ſouuent cela ſuffit pour nous faire entendre ; nous nous contentons, lors que nous voulons dire pourquoy vn certain corps, qui ne mouuoit point, commence de mouuoir, d'expliquer comment il a eſté rencontré par vn autre corps, qui eſtoit en mouuement : alleguant ainſi l'occaſion pour la cauſe.

Apres auoir montré qu'vn corps n'en peut mouuoir vn autre, & que c'eſt quelque eſprit qui les fait mouuoir, Il faut rechercher quel eſt cét eſprit.

Pluſieurs s'arreſtans en eux-meſmes & voyans que les mouuemens de leurs corps ſuiuent de ſi prés leurs volontez ; croyent n'auoir point à rechercher d'autre cauſe du mouuement de leurs corps que leur volonté propre.

Cette erreur eſt ſemblable à l'erreur de ceux qui penſent qu'vn corps en peut mouuoir vn autre : car comme ces perſonnes, ne voyant que deux corps, ſe perſuadent, à cauſe que le tranſport du ſecond eſt toûjours arriué ſi-toſt que le premier meu en a eſté approché, que c'eſt en effet l'vn qui a fait mouuoir l'autre ; ſans conſiderer qu'vn corps ne ſauroit produire l'effet qu'ils luy attribuent ; de meſme pluſieurs voyant que dés qu'ils veulent qu'vne partie de leur corps ſoit meuë vers vn certain coſté, elle y eſt auſſitoſt portée ; s'imaginent, à cauſe qu'ils ne s'apperçoiuent pour lors que de leur volonté, & du tranſport de leurs corps qui la ſuit de ſi prés; que ce tranſport ne peut eſtre cauſé que par elle : ſans prendre garde qu'elle n'en peut eſtre la cauſe.

Mais pour le connoiſtre, il faut conſiderer, Premierement, que les corps mouuoient auant que nous voulußions ; d'où il ſuit que c'eſt vne autre volonté que la noſtre, qui a cauſé le mouuement. Que ſi l'on dit que les mouuemens de nos corps ne ſont que depuis que nous voulons ; Ie reſpondray que l'effect montre manifeſtement le contraire, & que le mouuement eſt dans la matiere, qui compoſe nos corps, auant qu'ils ſoient animez, c'eſt à dire, auant que ce qui veut y ſoit vny. D'ailleurs nos ames n'abandonnent nos corps que parce qu'il n'y a plus de ces mouuemens qui ſont neceſſaires à la vie ; & pour connoiſtre que leur durée ne dépend pas de noſtre volonté, il ne faut que conſiderer, qu'ils ceſſent toûjours pluſtoſt que nous ne voulons.

Que ſi quelquesfois noſtre malheur eſt tel qu'il nous faſſe deſirer la mort ; nous auons beau vouloir que ces mouuemens ceſſent en nous : ils dépendent ſi peu de nous, que ſi nous nous contentions de le vouloir, ils ne ceſſeroient pas pour cela. Mais ſi nous armans contre nous meſmes, nous faiſions couler hors de ſes vaiſſeaux le ſang qui entretient la vie ; alors nous le verrions exhaler en fumée ces meſmes parties, dont le mouuement ſert à tranſporter nos corps : Et pour lors, ſi le deſeſpoir nous pouuoit permettre de philoſopher, nous connoiſtrions que puiſque noſtre ſang meut bien hors de nous, ſans que noſtre volonté luy cauſe ce mouuemeut ; ce n'eſt point par noſtre volonté qu'il mouuoit en nous.

Secondement, ſi nous pouuions à noſtre gré faire de nouueaux mouuemens, il s'enſuiuroit que le mouuement pourroit croiſtre en la nature, & qu'ainſi l'ordre en feroit troublé. Car s'il n'a fallu de mouuement que iusqu'à vn certain poinct pour establir cét ordre ; il n'en faut iustement que la mesme quantité pour le conseruer.

En troisiéme lieu, si nos volontez pouuoient produire des mouuemens, elles les conserueroient, & nous auons déja montré, par vn exemple bien visible, qu'elles ne peuuent conseruer celuy dont elles souhaiteroient plus ardemment la durée.

En quatriesme lieu, si les mouuemens de ces particules delicates & subtiles, qui agitent nos membres, venoient de nostre volonté ; ils seroient ou plus vistes ou plus tardifs, selon qu'il nous plairoit : mais vn vieillard a beau vouloir marcher viste ; vn yurogne a beau vouloir marcher droit ; & celuy dont la main est gelée a beau vouloir remuer les doigts ; des gens en cét estat ne témoignent que trop que ſi ces petites particules peuuent eſtre tantoſt plus & tantoſt moins émeuës ; ce n'eſt iamais ſelon que nos volontez ſont differentes ; mais toûjours ſelon la difference des matieres dont elles ſont composées, ſelon la difference de nos âges, & ſelon la difference des lieux où nous viuons.

D'ailleurs, La Veille, qui n'eſt autre choſe qu'vn mouuement de ces particules qui courent dans le cerueau pour en tenir les pores ouuerts, & dans les nerfs pour en tenir les filets tendus, arriue ſouuent en nous, malgré nous, & continuë ſouuent plus que nous ne voulons : ce qui ne ſeroit pas ſi elles attendoient leurs mouuemens de noſtre volonté. Et le ſommeil ne nous accableroit pas ſi ſouuent contre nos ſouhaits ; ſi nous pouuions continuer le mouuement de ces particules, autant qu'il nous plairoit. Enfin tous ces mouuemens conuulſifs, & ces tranſports ſubits & mortels, qui nous assaillent le cerueau, marquent bien que nostre volonté ne donne pas le mouuement à ces particules (que leur subtilité fait nommer les esprits) & mesme qu'elle n'est pas la maistresse de leur route, puisque dans ces occasions elle ne les peut empecher de courir où leur impetuosité les emporte.

Au reste, on sçait qu'il n'y a rien qui depende moins de nous que les mouuemens de nostre cœur: & pour peu qu'on ait obserué la differen-ce de ses battemens à l'approche des lieux chauds ou froids, on verra qu'il ne meut que par la communication qu'il a auec les autres corps de l'Vniuers. Ensuite si l'on prend garde que c'est du mouuement du cœur que suiuent tous les autres mouuemens, on ne penseraplus que nostre ame excite celuy des petites particules que l'on nomme les esprits : on connoistra que ces esprits ne sont autre chose que les plus delicates parties du sangéchauffé, c'est à dire, émeu dans le cœur : on verra qu'il en monte plus oû moins ſelon que cette chaleur eſt plus ou moins grande ; & enfin que ces parties eſtant arriuées au cerueau, coulent dans les nerfs & de là dans les muſcles, de ſorte qu'elles n'ont point beſoin de l'ame pour eſtre meuës. Il eſt bien vray qu'eſtans déja émeuës lors qu'elles paſſent dans le cerueau, quelques-vnes d'elles peuuent eſtre dirigées ſelon ſes ſouhaits, c'eſt à dire que ſi-toſt qu'elle deſire que le corps auquel elle eſt vnie, ſe porte vers vn coſté, la puiſſance qui meut toutes ces particules, les meut d'vne façon reſpondante à ce deſir.

Donc s'il reſte quelque lieu de dire que l'ame meuue le corps ; c'eſt au meſme ſens qu'on peut dire qu'vn corps meut vn corps. Car comme on dit qu'vn corps en meut vn autre, lors qu'à cauſe de leur rencontre, il arriue que ce qui mouuoit le premier vient à mouuoir le ſecond ; on peut dire qu'vne ame meut vn corps, lors qu'à cause qu'elle le souhaite, il arriue que ce qui mouuoit desja ce corps, vient à le mouuoir du costé vers lequel cette ame veut qu'il soit meu : & il faut aduoüer que c'est vne façon commode de s'expliquer dans l'ordinaire, que de dire qu'vne ame meut vn corps & qu'vn corps en meut vn autre : parce que comme on ne cherche pas toûjours l'origine des choses ; il est souuent plus raisonnable, suiuant ce qui a desja esté remarqué, d'alleguer l'occasion que la cause d'vn tel effet.

Apres auoir tasché de répondre à ceux qui disent que nos esprits peuuent mouuoir nos corps par leur seule volonté, ie dois répondre à ceux qui passant d'vne extremité à l'autre, doutent qu'il y ait aucun esprit qui puisse mouuoir les corps par sa seule volonté.

Cette erreur vient à mon aduis, de ce que souuent nous voulons plus

plus que nous ne pouuons : Et comme nous ne faiſons rien que par le ſecours d'vne puiſſance qui n'eſt point de nous ; nous penchons toûjours à croire que toute volonté eſt impuiſſante d'elle-meſme, ou (ce qui eſt la meſme choſe) que tout eſprit, outre ſa volonté, a beſoin de quelque puiſſance pour operer ce qu'il deſire.

Ainſi la couſtume que nous auons de juger de tout, par ce que nous éprouuons en nous meſmes, fait qu'encores que nous reconnoiſſions par des raiſons éuidentes, qu'vn eſprit doit faire mouuoir les corps ; neantmoins quand nous venons à conclure que c'eſt par ſa ſeule volonté, & à conſiderer combien la noſtre nous paroiſt foible en tout, nous ne pouuons croire, quel que ſoit cét eſprit, que la ſienne ſoit aſſez puiſſante pour cela.

Mais ſi nous conſiderons que ce deffaut perpetuel de noſtre eſprit ne vient que de ce qu'il n'eſt pas par luy-meſme, & que s'il eſtoit par luy-meſme, rien ne luy manqueroit, en ſorte que tout ce qu'il voudroit, ſeroit; nous connoiſtrions aiſément qu'il y a vn premier Eſprit qui eſtant par ſoy-meſme n'a beſoin, que de ſa volonté pour tout faire, & que rien ne luy manquant, dés qu'il veut que ce qui eſt capable d'eſtre meu ſoit en mouuement, cela doit neceſſairement arriuer.

Nous nous perſuaderons aſſez aiſément cette verité, ſi nous faiſons vn peu de reflection ſur les choſes dont nous ſommes desja conuaincus. Premierement, nous ſommes aſſurez en general que quelque eſprit doit faire tout ce que le corps ne peut operer. En ſecond lieu, nous ſçauons au ſujet particulier du mouuement, qu'encores que le corps ſoit ſeul capable d'en receuoir l'effet, il n'en peut toutefois eſtre la cauſe. Enfin, noſtre foibleſſe nous apprend que ce n'eſt point nostre esprit qui fait mouuoir. Que reste-il donc ? qu'vn autre Esprit à qui rien ne manque, le fasse, & qu'il le fasse par sa volonté.

Mais, dira quelqu'vn, encore que nos Esprits ne puissent causer le mouuement, s'ensuit-il qu'il faille recourir au premier Esprit pour en trouuer la cause ? Et ne pourroit-il pas y auoir vn esprit entre ce premier & les nostres qui le pust causer ?

Ie respons que si cét Esprit, de quelque ordre qu'on le vueille feindre, n'est pas le premier ; il n'est pas par soy : & s'il n'est pas par soy, il n'a rien qui ne luy vienne d'ailleurs : de sorte qu'il n'est la veritable cause de quoy que ce soit. Nous pourrions bien conceuoir qu'vn esprit auroit la direction de tous les mouuemens de cét Vniuers, comme nous l'auons de quelques-vns des mouuemens de nos Corps. Mais aussi comme nous ne causons point ces mouuemés en nos Corps, & que ce qui arriue seulement est que la Premiere Puissance les dispose selon nos volontez. Il est certain aussi que cét Esprit, quelque excellent qu'il fût ne produiroit aucuns mouuemens ; & ce qui le rendroit d'vn ordre superieur au nostre, c'est que la Premiere Puissance disposeroit plus de choses selon la volonté de cét esprit qu'elle n'en dispose selon la nostre : mais aucune de ces choses ne seroit produite par luy, & si l'on en vouloit trouuer la veritable cause, il faudroit toûjours remonter à Dieu.

L'on a bien dit, quand on a dit qu'il s'estoit tellement enchassé dans ses ouurages qu'on ne peut les considerer sans le connoistre ; En effet on ne peut connoistre la nature sans auoir connu le mouuement ; & vous voyez que nous n'auons pû connoistre le mouuement, que nous n'ayons reconnu la diuine puissance qui le cause.

Nos ſens nous faiſoient aſſez voir que les corps pouuoient eſtre meus ; mais nos raiſonnemens nous ont appris qu'ils ne le pouuoient eſtre par d'autres corps, ny par des ames foibles comme les noſtres, ny meſme par aucun eſprit creé pour excellent qu'il fût. Ainſi nous ſommes paruenus à ce premier Eſprit, & nous auons eſté obligez non ſeulement d'auoüer qu'il a commencé le mouuement; mais nous auons éuidemment reconnu qu'il le continuë : nous auons appris que ſa ſeule puiſſance en eſt capable, & nous la deuons admirer, ſur tout en ce poinct ; qu'ayant poſé des loix entre les corps, ſuiuant leſquelles elle les meut diuerſement, à cauſe de la diuerſité de leurs rencontres ; elle a auſſi poſé entre nos ames & nos corps des loix qu'elle ne viole iamais ; & tandis que ces corps ſont conſtituez d'vne certaine façon, elle en dirige toûjours certains mouuemens ſelon nos deſirs ; ce qu'elle fait auec tant de promptitude, &

si conformement à nos volontez, que ceux qui precipitent leurs iugemens, croyent qu'ils ont operé d'eux mesmes ce qu'ils ont simplement desiré, parce que cette premiere puissance l'a operé dés l'instant qu'ils l'ont desiré.

DE L'VNION DE L'ESPRIT & du Corps.

Et de la maniere dont ils agissent l'vn sur l'autre.

V. DISCOVRS.

CE merueilleux rapport de nos mouuemens & de nos pensées me donne occasion de parler de l'vnion de nostre corps & de nostre ame, & de la maniere dont ils agissent l'vn sur l'autre. Ce sont deux choses que l'on a toûjours admirées sans les expliquer. Ie n'ose dire que j'en aye découuert le secret; mais il me semble n'auoir plus rien à desirer sur ce point: & quelques-vns de mes amis à qui j'ay communiqué plusieurs fois mes pensées sur ce sujet depuis sept ou huict ans, me veulent persuader qu'elles sont veritables. Si toutesfois ie me trompe en quelque chose dans la premiere Partie de ce Discours, où ie parle de l'vnion du Corps & de l'Ame: Et dans la seconde où ie parle de leur Action, il sera facile de connoistre mon erreur, car ie ne donne en chacune que deux definitions, vn Axiome & vne proposition à examiner.

PREMIERE PARTIE.

De l'vnion de l'Esprit & du Corps.

DEFINITIONS.

1. Deux corps sont vnis autant qu'ils le peuuent estre, quand leurs étenduës se touchent mutuellement & auec vn tel rapport, que l'vn suiue necessairement les determinations de l'autre.

Et il faut obseruer que sans examiner

examiner par quelle puiſſance ils ſont ainſi diſpoſez, on ſe contente, pour aſſeurer que leur vnion continuë, de voir continuer ce rapport entre-eux.

2. De meſme, on diroit que deux eſprits ſeroient vnis, ſi leurs penſées ſe manifeſtoient mutuellement & auec vn tel rapport, que l'vn ſuiuiſt neceſſairement les déterminations de l'autre.

Et ſans qu'il fuſt beſoin d'examiner par quelle puiſſance ils ſeroient ainſi diſpoſez, on pourroit aſſeurer qu'ils ſeroient vnis tandis que ce rapport dureroit entre-eux.

AXIOME.

D'où il reſulte que l'vnion des choſes ne ſe fait que par ce qu'elles ont de rapportant: Et conſequemment ſi vn Corps & vn Eſprit ſont vnis; ce n'eſt pas par le rapport de deux étenduës, car l'Eſprit n'en a point ; ny par le rapport de deux pensées, car le Corps n'en a point.

Conclvsion.

Mais si cét Esprit, dont la nature est de penser, à quelques pensées, ausquelles le Corps puisse auoir du rapport par son étenduë, par son mouuement ou par autre chose de sa nature ; par exemple, si de ce que cét Esprit voudra que ce Corps soit meu en certain sens, ce Corps est tellement disposé qu'en effet il y soit meu ; ou, si de ce qu'il y aura de certains mouuemens en ce Corps il vient de certaines perceptions en cét Esprit ; on pourra dire (par quelque puissance qu'ils ayent esté ainsi disposez) qu'ils sont vnis : & tandis qu'ils auront ce rapport entre-eux, on pourra dire que leur vnion continuë.

Cette vnion, si l'on y prend garde, est bien plus grande & plus par faite que celle de deux corps : car deux corps ne ſont vnis qu'en la ſuperficie, c'eſt à dire, ils n'ont rapport que par leurs extremitez, ſans que leurs autres parties s'vniſſent ; au lieu qu'il n'y a ſi petite partie du corps, auquel vn eſprit eſt vny ; auec laquelle cét eſprit n'ait du rapport : puiſque les changemens qui arriuent en chaque endroit du corps, peuuent eſtre apperceus de cét eſprit, ou luy exciter de nouuelles penſées ; & qu'il n'y a pas vne partie qui ne ſerue à entretenir dans ce corps l'admirable œconomie qui le rend propre à toutes les choſes que cét eſprit veut qu'il opere.

Au reſte l'on connoiſt aſſez par ce qui a eſté obſerué ſur la fin du quatrieſme diſcours, quelle eſt la puiſſance qui tient l'Eſprit & le Corps toûjours diſpoſez à receuoir diuers changemens à l'occaſion l'vn de l'autre ; mais il n'a pas eſté beſoin d'examiner en ce diſcours quelle puiſſance entretient ce rapport entre-eux : C'eſt aſſez d'auoir reconnu que ce rapport eſt veritable, & que c'eſt en cela que conſiſte leur vnion.

Ces choſes poſées, il eſt aiſé de voir en quel ſens on peut dire que nos Eſprits ſont dans le lieu : & ce qu'on doit entendre, quand on dit qu'ils ſont tranſportez. Car ſi, d'vn coſté, il eſt vray de dire qu'ils ne puiſſent eſtre tranſportez, parce que cela ſuppoſe l'étenduë qu'ils n'ont pas ; d'vn autre coſté les conſiderant vnis à nos corps par la maniere qui vient d'eſtre expliquée, on peut dire qu'ils ſont, par tout où eſt la matiere dont les mouuemens ſont dirigez ſuiuant leur volonté, & dont les diuers changemens peuuent exciter en eux des ſentimens differens : Et enfin puiſqu'en quelque lieu que cette matiere ſoit tranſportée, elle a des mouuemens qui reſpondent à leurs penſées, & qu'ils ont des penſées qui respondent necessairement aux changemens de cette matiere, on peut dire qu'ils sont transportez auec elle.

Les mesmes choses posées, on a raison de dire qu'vn esprit est tout en tout le corps qu'il anime, & tout en chaque partie : Puis que ce tout peut suiure ses volontez, ou luy donner des sentiments, & que chaque partie de ce tout sert à entretenir ce qui le rend propre à cela.

Par là aussi on entend en quel sens on peut dire que Dieu est par tout. Car puisque chaque partie de de la matiere est meuë parce qu'il le veut ; on peut assurer que cette action de la volonté s'étend par tout, & en ce sens qu'il est par tout.

Neantmoins il n'est pas vny à la matiere comme nos ames sont vnies à nos corps : car il est sans dépendance de la matiere, & ce qui arriue en elle ne peut causer en luy les alterations que nostre ame ressent par les changemens du corps. La raison de cette difference est qu'il n'arriue rien en la matiere que ce qu'il plaist à cét Esprit souuerain : ainsi la cause des changemens de la matiere est sa volonté qu'il sçauoit auant que ces changemens fussent, de sorte qu'ils ne peuuent luy donner aucune pensée qu'il n'eust point: au lieu que nos ames ne connoissent les changemens de la matiere que quand ils arriuent, & elles peuuent receuoir de nouuelles pensées par les mouuemens du corps, suiuant le rapport & la dépendance que Dieu a mis entre-eux

4. On peut conceuoir en suite, qu'vn Ange ou vn autre esprit peut diriger les mouuemens d'vne certaine portion de matiere, sans toutesfois qu'on puisse dire qu'il l'anime, comme nos esprits animent nos corps ; car ces Esprits ne sont point sujets aux changemens de la

matiere à laquelle ils s'appliquent. Et encores qu'elle puisse agir sur eux en vn certain sens, puis qu'ils sont capables d'apperceuoir ces changemens, & ainsi d'auoir de nouuelles pensées à leur occasion ; neantmoins ils ne sont point affectez de plaisir, de douleur & de ces diuers sentimens que nostre ame éprouue, dés qu'il arriue dans nostre corps des changemens capables de restablir ou de ruiner cette disposition par laquelle il luy est vny.

5. D'autre costé on peut conceuoir qu'vn Demon ou vn autre Esprit peut estre affecté de douleur par vnion à vne certaine portion de matiere, sans que la direction d'aucun mouuement de cette matiere soit soûmise à sa volonté, en sorte que Dieu ayant disposé cét esprit à souffrir, autant que cette matiere à mouuoir, le mouuement perpetuel de l'vne fasse le supplice eternel de l'autre.

SECONDE PARTIE.

De l'action des Esprits sur les Corps, & de celle des Corps sur les Esprits.

DEFINITIONS.

1. On dit qu'vn corps agit sur vn autre, quand à son occasion cét autre corps commence d'estre arangé ou meu autrement qu'il ne l'estoit auparauant.
2. De mesme on dit qu'vn esprit agit sur vn autre esprit, quand à son occasion cét Esprit conçoit, imagine, veut, ou pense, en quelque façon que ce soit, autrement qu'il ne faisoit auparauant.

Ainsi les corps agissent l'vn sur l'autre autant qu'ils le peuuent, quand ils se causent quelque changement conuenable à l'estenduë : Et les Esprits agissent l'vn sur l'autre autant qu'ils le peuuent, quand ils se causent, quelque changement conuenable à la pensée.

AXIOME.

D'où il resulte qu'vne chose n'agit sur l'autre qu'autant qu'elle y peut apporter de changement suiūant sa nature. Et consequemment si vn Corps agit sur vn Esprit, ce ne peut estre en luy causant aucun changement de mouuement, de figure ou de parties ; car cét Esprit n'a point de toutes ces choses : non plus que si cét Esprit agit sur vn Corps ; ce ne peut estre en luy causant aucun changement de pensée, car ce Corps n'en a point.

CONCLVSION.

Mais si ce Corps, ou son mouuement, ou sa figure, ou autre chose dependante de sa nature peut eſtre apperceu de quelque Eſprit, en ſorte qu'à ſon occaſion cét Eſprit ait des penſées qu'il n'auoit pas auparauant; on pourra dire que ce Corps a agy ſur cét Eſprit, puiſqu'il luy a cauſé tout le changement dont il eſtoit capable ſuiuant ſa nature.

Sans doute il n'eſt pas plus malaiſé de conceuoir l'action des Eſprits ſur les Corps, ou celle des Corps ſur les Eſprits, que de conceuoir l'action des Corps ſur les Corps. Et ce qui nous rend plus inconceuable, la premiere que la derniere, c'eſt que nous voulons conceuoir l'vne par l'autre; ſans conſiderer que chaque choſe agiſſant ſelon ſa nature, nous ne connoiſtrons iamais l'action d'vn agent, quand nous voudrons l'examiner par les notions que nous auons d'vn autre agent de nature toute differente.

Mais ce qu'il y a de remarquable

en cecy, eſt que quoy que l'action des Corps ſur les Corps ne nous ſoit pas mieux connuë que celle des Eſprits ſur les Corps ou des Corps ſur les Eſprits ; la pluſpart neantmoins n'admirent que celle-cy, croyans connoiſtre l'autre : Et j'oſe dire que quand on aura bien examiné ce qui ſe rencontre dans l'action d'vn Corps ſur vn Corps, on ne trouuera pas qu'elle ſoit plus conceuable que celle des Eſprits ſur les Corps.

Et afin de le reconnoiſtre, conſiderez encores ce que fait le corps B ſur le corps C quand on dit qu'il le chaſſe de ſon lieu : Tout ce qui eſt clair en cela (comme il a eſté dit dans le quatrieſme diſcours) c'eſt que B eſtoit meu, que C l'eſt maintenant, & que le premier demeure à l'endroit que le ſecond occupoit auant luy ; Nous ne voyons que cela, tout le reſte nous le conjecturons.

De mesme considerez ce que fait l'Esprit sur le Corps quand on dit qu'il l'agite ; tout ce qui est clair en cela, c'est que l'Esprit veut que le Corps soit meu en vn sens ; & que ce Corps en mesme temps est meu d'vn mouuement conforme au vouloir de cét Esprit ; nous ne nous apperceuons que de cela ; tout le reste, nous le conjecturons : Mais iusques icy les choses sont égales : car si dans le premier exemple les corps B & C nous ont paru & en mouuement & en repos ; c'est qu'ils sont capables de ces deux estats : Et dans le second exemple, si nous disons que l'Esprit a voulu qu'vn certain Corps qui se mouuoit déja, fust dirigé d'vne certaine façon ; c'est qu'il pouuoit le vouloir, & si le Corps a esté ainsi dirigé, c'est que cela estoit suiuant sa nature.

Voyons le reste, & taschons d'en bien iuger. Quant au premier exemple, suiuant ce qui a esté dit dans les Remarques sur la quatriesme proposition du quatriesme discours. Encores qu'on voye que C qui estoit en repos commence de mouuoir, & que B qui mouuoit, soit maintenant en repos ; on ne peut pas dire que le mouuement de l'vn soit passé dans l'autre ; parce qu'il est éuident que le mouuement de chacun à son égard, n'est qu'vne façon d'estre, qui n'estant pas separable de luy, ne peut en façon quelconque passer dans l'autre : d'où il suit qu'il y a autre chose que le corps B (qui est maintenant en repos) laquelle meut le corps C. Or nous ne serons pas bien en peine de trouuer cette chose, si nous nous souuenons des conclusions du quatriesme discours. Ainsi puisqu'il est vray que ce n'est point B qui meut C ; s'il nous reste quelque lieu de dire que le corps B agisse sur le corps C, c'est seulement par ce que si-tost qu'ils sont approchez, l'vn cesse & l'autre commence d'estre meu : De mesme dans le second exemple nous apperceuons que dés que l'Esprit veut que le mouuement du Corps soit dirigé en certain sens, cela atriue. Pourquoy donc n'aurons nous pas la mesme occasion de dire que l'Esprit agit sur le Corps? puis qu'encore que ce ne soit pas effectiuement nostre esprit qui cause le mouuement, il est certain toutefois que le mouuement de nostre corps dépend autant & en mesme façon de nostre volonté que le mouuement d'vn Corps dépend de la rencontre d'vn autre Corps.

A considerer la chose exactement, il me semble qu'on ne doit plus trouuer l'action des Esprits sur les Corps plus inconceuable que celle des Corps sur les Esprits; car nous reconnoissons que si nos ames ne peuuent mouuoir nos corps; les Corps ne peuuent aussi mouuoir d'autres Corps: Et comme on est obligé de reconnoistre que la rencontre de deux Corps est vne occasion à la puissance, qui mouuoit le premier, de mouuoir le second; on ne doit point auoir de peine à conceuoir que nostre volonté soit vne occasion à la puissance, qui meut déja vn Corps, d'en diriger le mouuement vers vn certain costé répondant à cette pensée.

DE LA DISTINCTION DV CORPS & de l'Ame.

Et que l'existence de l'Ame est plus assurée que celle du Corps.

Des operations de l'vne & de l'autre en particulier.

Et des effets de leur vnion.

VI. DISCOVRS.

QVELQVES-VNS disent que sans ce que la foy nous apprend de l'Ame, l'on auroit de grands sujets d'en douter, & que s'ils n'estoient fort soûmis au Chriſtianiſme, ils ne croiroient abſolument que le Corps.

Pour moy, bien que l'authorité de l'Egliſe ſerue beaucoup à me confirmer dans la creance que i'ay de l'Ame; ie diray franchement, que n'eſtimant pas qu'il y ait rien de plus clair à l'eſprit, que l'eſprit meſme; Ie m'eſtonne des doutes que l'on en peut conceuoir, & comment on peut dire que ſans la Foy l'on ne croiroit pas qu'il y euſt autre choſe en l'homme que le Corps.

Neantmoins, puiſque ce point eſt vne difficulté pour quelques-vns; ie penſe que, pour le bien examiner, il faut auant tout conuenir de ce que l'on entend par ces mots, de *Corps* & d'*Ame*, & voir enſuitte ſi l'on ne donne point ces deux noms à la meſme choſe.

Qui dit *Corps* en cette rencontre entend vn amas de pluſieurs parties étenduës jusques à certain terme, en sorte qu'elles en excluent necessairement toute autre chose étenduë comme elle.

1. Cette *exclusion* est ce qu'on appelle *impenetrabilité.*

2. Ce *terme* est ce qu'on appelle *figure.*

3. Ce *rapport*, qu'il a aux autres corps par sa situation, est ce qu'on appelle son *lieu.*

4. Quand ce rapport change, on dit que le corps est en *mouuement*; & quand il continuë, on dit que le corps est en *repos.*

Qui dit *Ame* ou *Esprit* (car c'est icy la mesme chose) entend ce qui *pense* à quelque chose.

1. Cette chose est ce qu'on appelle *objet.*

2. Ce que l'on conçoit de l'objet s'appelle *idée* ; on la nomme *perception* à l'abord, *attention* à la continuë ; & *memoire*, quand apres auoir discontinué elle recommence.

3. Si l'on asseure, ou si l'on nie quelque chose de l'objet ; cela s'appelle *iugement*.

4. Quand on resoult apres ce iugement, cela s'appelle *volonté*.

Tout cela posé, ie voy nettement que ce que i'entens par le mot d'*Ame*, n'a rien de ce que i'entens par celuy de *Corps*. Et ainsi i'ay lieu de iuger que ce sont deux choses toutes differentes : Ie voy mesme que quand ie voudrois douter de toutes les choses que ie conçoy, quand ie pense au Corps ; ie ne pourrois en mesme temps douter de ma pensée. Car qu'il soit faux, si vous voulez, qu'il y ait aucun Corps au monde ; il ne peut estre qu'il n'y ait aucune pensée, tandis que ie seray pensant. Or comment puis-je croire que ma *pensée* soit la mesme chose que ce que i'appelle *Corps* ? veu que ie puis supposer qu'il n'y a point de Corps, & que ie ne puis supposer que ie ne pense pas, la supposition mesme estant vne pensée.

Ainsi ie connois, Premierement que l'Ame, ou ce qui pense, est different du Corps.

Secondement ie voy que l'argument de l'Ame est indubitable, & que, iusques icy, il n'y en a point qui m'asseure du Corps. Car enfin pourquoy me persuader que i'ay maintenant vn corps estendu de cinq pieds ? I'ay songé quelque fois que i'en auois vn composé de tant de parties ; que leur étenduë estoit de plus de cent pieds, & mesme qu'il touchoit aux nuës. Qui m'asseurera dis-je maintenant du peu qui me semble rester de ce grand corps ?

C'eſt (me diriez vous) que vous le ſentez ? Mais ie ſentois les cent pieds comme ie ſens les cinq : Et enfin pour ne point trop écouter mes réueries, ceux qui ſentent encore du mal au bout des doigs quand on leur a coupé la main, ne s'imaginent-ils pas (quoy que tout eueillez) qu'ils ont des parties étenduës, où ils n'en ont point ; & cela eſtanr , ie demande encore vn coup où eſt la certitude que i'ay de l'étenduë où ie croy maintenant en auoir ; ſi toute la raiſon que i'ay de le croire, eſt que ie le ſens.

Ie ſuis bien aſſuré que ie penſe auoir vn corps dont les parties ſont étenduës iuſques à certains termes, mais ie ne ſuis pas conuaincu de l'auoir, comme ie ſuis conuaincu que ie le penſe. Ainſi ma penſée demeure certaine , tandis (qu'à parler en Philoſophe) ce que ie croy de mon corps, reſte fort douteux, & quand meſme ce

Corps que ie m'imagine auoir, ne seroit point ; ie ne cesserois pas d'estre quelque chose tandis que ie serois pensant. Car de mesme que celuy à qui l'vn a coupé la main, conserue les mesmes pensées qu'il auoit, à l'occasion de ses doigts, puisqu'il les sent comme s'il les auoit encore ; ie pourrois auoir perdu tous les membres l'vn apres l'autre, & continuer de croire que ie les ay tous encore.

Il peut estre donc que ie pense auoir vn corps, sans auoir effectiuement aucune étenduë, mais il ne peut estre que ie le pense, sans auoir effectiuement vne pensée.

I'en ay, ce me semble, assez dit pour montrer que l'on peut bien plus raisonnablement douter du Corps, que ceux dont i'ay parlé ne doutent de l'Ame. Mais afin de ne point broüiller auec eux ; comme ils m'ont dit souuent qu'ils ne vouloient point s'arrester à ce qui les faisoit douter de l'Ame, & que sans tant peser tout ce qui la regarde, ils s'en vouloient tenir à la foy toûjours plus seure que la lumiere naturelle, ie veux de mon costé ne plus penser aux raisons qui m'ont fait douter du Corps, & me representer continuellement celles que la foy me fournit pour m'en asseurer.

Par exemple, ie me representeray que Dieu s'est fait homme comme moy ; & comme il est de foy qu'il auoit vn veritable corps ; ie croiray que i'en dois auoir vn, puis qu'autrement il n'auroit pas esté homme comme moy : & au lieu que l'Ame est à quelques vns vn article de foy, ie m'en veux faire vn du Corps, & raisonner sur ce fondement plus seur que tous les autres.

Ie diray donc à l'auenir que i'ay vne ame, parce que cela m'est éuident par la lumiere naturelle, &

parce

que la foy m'en asseure : Pour le Corps; ie diray que i'en ay vn, parce qu'encore que cela ne me soit pas éuident par la lumiere naturelle, il me suffit de la foy pour m'empecher d'en douter.

Mais ce n'est pas assez de sauoir que i'ay vn Corps & vne Ame, pour me bien connoistre. Il faut que ie tasche à bien démeler toutes les choses qui m'appartiennent comme ayant vn Corps, d'auec celles qui m'appartiennent comme ayant vne Ame.

2. Il faut que i'examine comment ie suis tout ce que ie suis par leur vnion, & comment ils agissent l'vn sur l'autre.

3. Puis ie verray si entre les Corps qui entourent le mien, il y en a quelques-vns, ausquels ie doiue iuger que des ames soient vnies; & s'il y en a quelques autres ausquels ie ne sois pas obligé d'en attribuer.

Pour commencer par l'examen de moy-mesme, & voir ce qui m'appartient comme ayant vne Ame.

La pensée. Ce que i'ay déja obserué de la nature & des auantages de l'Ame me fait connoistre que, si ie pense de quelque façon que ce soit; c'est que i'ay vne Ame.

Les idées. Les Perceptions. L'Attention. La Memoire. Si ie conçoy diuersement les differens objets; si dés l'abord i'en apperçoy quelque chose; si pour les mieux connoistre ie les considere plus long-temps; si apres auoir discontinué ie recommence: En vn mot, si i'ay des *idées*, des *perceptions* de *l'attention*, & de la *memoire*; c'est que i'ay vne Ame.

L'intelligence. Si ie considere mes pensées ou celles des autres, par quelque raison qu'elles me soient manifestées; si ie considere la verité, & tant d'autres choses, qui ne tiennent rien de l'étenduë, de la figure, ny du mouuement : En vn mot, si ie suis capable de *conceuoir les choses purement intelligibles* ; c'est que i'ay vne Ame.

Si au contraire ie considere les choses qui dépendent de l'étenduë, de la figure, & du mouuement : En vn mot, si ie suis capable d'*imaginer* ; c'est que i'ay vne Ame. *L'Imagination.*

Si en considerant vn objet ou corporel, ou spirituel, i'asseure que certaines choses luy conuiennent, ou si ie le nie : En vn mot, si ie fais des *iugemens* ; c'est que i'ay vne Ame. *Les Iugemens.*

Si ne connoissant pas tout ce qu'il faut connoistre des choses, ie n'ose en iuger, & demeure en suspens, iusques à ce que ie les connoisse : En vn mot, si ie *doute* ; c'est que i'ay vne Ame, & vne Ame àlaquelle il manque quelque chose. *Les doutes.*

Les erreurs. Si me precipitant, & ſans que ie connoiſſe tout ce qu'il faudroit connoiſtre de la choſe, ie iuge qu'elle eſt ce qu'elle n'eſt pas, ou qu'elle n'eſt pas ce qu'elle eſt en effet : En vn mot, ſi ie ſuis ſujet à l'*erreur* ; c'eſt (comme ie l'ay dit) que i'ay vne Ame, & vne Ame à laquelle il manque quelque choſe.

La liberté des iugemẽs Que ſi d'autres fois pour éuiter les erreurs ie m'empeche de iuger des choſes iuſques à ce que ie les connoiſſe parfaitement : ſi i'éprouue d'vn coſté, que ie ne puis tout connoiſtre, & qu'en cela il manque quelque choſe à mes lumieres naturelles : Et ſi par des experiences naturelles i'éprouue d'vn autre coſté, que i'ay la force d'arreſter mes iugemens, iuſques à ce que ie ſois parfaitement inſtruit, & de n'en point donner du tout, quand ie ne le puis eſtre : En vn mot, ſi ie ſuis *libre dans mes iugemens*, c'eſt que i'ay vne Ame,

Si ie resous apres mes iugemens de faire ou de ne pas faire ; de faire vne chose ou l'autre ; & d'agir d'vne maniere, ou conforme, ou contraire à ce que ie say que ie dois faire : En vn mot, si i'ay vne *volonté* capable du bien, ou du mal, c'est que i'ay vne Ame.

Les volontez differentes.

S'il y a mille choses que ie ne puis entendre, & s'il n'y en a point de si excellente, ny de si grande que ie ne puisse vouloir, & si dans cette disproportion, qu'il y a entre le pouuoir, que i'ay de vouloir, & celuy que i'ay d'entendre, i'éprouue en moy la force de ne vouloir qu'apres que i'ay bien connu, ou de vouloir auant mesme que d'auoir bien connu : Tout cela m'apprend (outre bien des choses que ie n'explique pas icy) que i'ay de la *liberté dans mes volontez* aussi bien que dans mes iugemens. Et ie n'ay cette liberté que parce que i'ay vne Ame.

La liberté de volonté.

L'amour. Si conſiderant vn choſe comme bonne ie m'vnis à elle de volonté, c'eſt à dire, ſi ie veux tout, ſuiuant ce qui conuient à cette choſe : En vn mot, ſi *i'ayme* ; c'eſt que i'ay vne Ame.

La hayne. Si conſiderant vne choſe comme contraire à celle que i'ayme, ie m'en ſepare de volonté, c'eſt à dire ſi ie veux tout ce qui luy eſt contraire : En vn mot, ſi ie *hais* ; c'eſt que i'ay vne Ame.

La ioye. Si voyant que tout eſt le mieux, qu'il puiſſe eſtre, pour la choſe que i'ayme ; & que tout eſt le plus mal qu'il puiſſe eſtre, pour celle que ie hais, i'éprouue vn extreme plaiſir : En vn mot, ſi i'ay de la *ioye* ; c'eſt que i'ay vne Ame.

La triſteſſe. Si voyant que tout, ou du moins quelque choſe eſt contraire à ce que i'ayme; & que tout, ou quelque choſe arriue conuenablement à ce que ie hais, i'éprouue quelque déplaiſir :

En vn mot, si i'ay de la *tristesse*; c'est que i'ay vne Ame.

Si l'amour me faisant tout vouloir conuenablement à ce que i'ayme, & si la haine me faisant vouloir tout ce qui est contraire à ce que ie hays, ie viens à considerer qu'il seroit bon pour ce que i'ayme, & fort mauuais pour ce que ie hays, que certaine chose qui n'est pas encore, fust, & qu'vne autre chose qui est ou qui peut estre, ne fust pas, ie viens à souhaiter que cela arriue, ou n'arriue pas : En vn mot, si i'ay *des desirs & de la crainte*; c'est que i'ay vne Ame. *Les desirs. La crainte.*

Ainsi ie reconnois que si i'ay des idées, des perceptions, de l'attention, de la memoire, de l'intelligence, de l'imagination, si ie forme des iugemens, si i'ay des doutes, si ie suis sujet à l'erreur; si i'ay des volontez differentes, si ie suis capable du bien & du mal, si ie suis libre, si i'ay de l'amour, de la hayne, de la ioye, de la tristesse, des desirs, & de la crainte, c'est que i'ay vne Ame, & ie suis asseuré que ces choses m'appartiendroient toutes, quand ie ne serois qu'vne Ame.

Apres auoir examiné ce qui m'appartient à cause de l'Ame, il faut voir ce qui m'appartient à cause du Corps.

La figure, le mouuement, & les organes en general.

Ce que i'ay déja obserué des appanages du Corps, me fait connoistre que si ie remarque de la figure, du mouuement, & des organes differens en moy, c'est parce que i'ay vn Corps.

La nourriture.

Si i'ay vn cœur où le sang s'échauffe, si i'ay des arteres, où il coule, si ces arteres ont des pores par où des parties de ce sang s'échapent : si i'ay des chairs où ces particules s'arrestent pour en accroistre la masse : En vn mot, *si ie me nourris* ; c'est que i'ay vn Corps.

Si des parties de ce sang plus meuës, & plus subtiles que les autres, montent comme vne fumée, de l'endroit que i'appelle mon cœur, à celuy que ie nomme mon cerueau, par vne artere qui les empesche de se dissiper en allant de l'vn à l'autre.

Le cours des esprits au cerueau.

S'il y a des cauitez dans mon cerueau, où cette foulle de petits Corps, que l'on nomme les esprits, tourne en mille façons diuerses, iusques à ce que quelque chose leur faisant ouuerture, ou déterminant leur cours plus fortement d'vn costé que d'autre, leur donne moyen de s'ouurir vn passage dans mes nerfs, c'est à dire entre ces filets deliez, qui, composez de la substance de mon cerueau, s'allongent iusques aux extremitez de mes membres, auec les mesmes enuelopes qui seruent à les conseruer dans la teste.

Leur passage dans les nerfs.

Si mes nerfs rassemblez comme

Leur passage dans les muscles. Le Mouuement des mẽbres.

des cordons en quelqũes endroits, & comme des tissus en d'autres, se diuisent pour se méler à certaines chairs étenduës en filets tres-deliez, & se rejoindre vers l'extremité opposée à celle par laquelle ils s'y sont introduits pour y répendre les esprits ; & si les esprits épendus dans tous les filets de ce composé de nerfs & de chair que l'on appelle Muscle, les r'accourcissent ; de sorte que les deux extremitez se rapprochant vers le milieu, elles tirent les membres ausquels elles sont attachées.

Le transport de tout le Corps.

Enfin si tous mes Muscles sont dispose z de telle façon, que l'vn d'eux ayant toûjours communication auec vn autre, ce qu'ils ont d'esprits passe de l'vn à l'autre, selon qu'ils y sont déterminez par de nouueaux esprits qui descendent incessamment du cerueau : En sorte que par ces tours & ces retours, quelques fois lents, & quelques fois precipitez, ils tirent l'vn de mes membres, & ſouuent tout mon corps, tantoſt vers vn coſté, & tantoſt vers vn autre : En vn mot, *ſi ie ſuis tranſporté d'vn lieu en vn autre*; c'eſt que i'ay vn Corps.

Si ce cours des eſprits eſtant aſſez abondant, tient les cauitez de mon cerueau ſi bien ouuertes, & les filets de mes nerfs ſi bien tendus, que ce qui touchera les extremitez de mon Corps, en pouſſant vn de ces filets, remuë mon cerueau à l'endroit d'où naiſt ce meſme filet ; & qu'à l'occaſion de ce mouuement, d'autres eſprits ſoient déterminez à paſſer à des endroits où ils n'auroient pas paſſé ſans cela : En vn mot, ſi ie *veille* ; c'eſt que i'ay vn Corps. *La veille*

Si quelques fois ces meſmes eſprits eſtans épuiſez, & ne montant plus, ny auec aſſez de force, ny en aſſez grande quantité, les parties de mon cerueau viennent à s'affaiſſer, & les filets de mes nerfs à ſe détendre ; en ſorte qu'il n'y ait *Le ſommeil.*

plus que ceux, qui enuoyent des esprits aux muscles, qui seruent à entretenir ces battemens, par lesquels la poitrine, se haussant & se baissant, fait entrer l'air dans les poulmons, ou l'en chasse, c'est à dire, *si ie dors, & si en dormant ie respire*; c'est que i'ay vn Corps.

L'assoupissemẽt.

Si quelques fois ces gros nerfs dont les filets se respandent dans le fonds de mon œil, estant plus détendus, que ceux qui vont abboutir à mon oreille; soit parce qu'ils ont esté plus exercez, soit parce que le cœur commençant d'enuoyer moins d'esprits, qu'il n'en faut pour enfler vn nerf aussi large, que le nerf optique, en enuoye encore assez pour tenir tendus les filets du nerf de l'oreille (qui est bien plus estroit;) il arriue que ce qui touche mon oreille, transmette son action iusques dedans mon cerueau, tandis que mes paupieres déja fermées, & tous les nerfs de mon œil affaissez, ne transmettent plus aucun mouuement au cerueau par cét organe : En vn mot, si quelques fois *ie dors à demy* ; c'est que i'ay vn Corps.

Si quelques fois l'abondance des esprits, la figure qu'ils ont, ou la matiere dont ils sont formez, leur donnant plus de force à pousser les cauitez de mon cerueau, qu'il n'en a pour les retenir, ils vont temerairement heurter tout à coup mille endroits du cerueau, forcer les entrées des organes, & couler dans les muscles, où conseruant la mesme impetuosité, ils entrent & ressortent de l'vn dans l'autre, tirant tumultuairement mes membres en mille façons, qui n'ont rien de déterminé : Bref *si i'ay des conuulsions, si ie suis yure, si i'ay la fieure*, ou quelque autre mal violent; c'est que i'ay vn Corps. *L'yuresse. Les conuulsions, &c.*

Si mon cœur, ou les autres vaisseaux, qui contiennent mon sang, ou mes esprits, sont ouuerts, de *La mort* sorte qu'ils ne puissent plus arrester cette liqueur, ou cette fumée : Si ie manque des alimens qui les peuuent reparer, ou si ie me rencontre en des endroits où les Corps voisins trop émeus, ou trop arrestez, donnent trop, ou trop peu de mouuement au sang ou aux esprits : En vn mot, *si ie meurs* d'vne blessure, de faim, ou de froid, ou de chaud ; c'est que i'ay vn Corps.

Ainsi ie reconnois que si ie me nourris, si ie suis remué, si ie veille, si ie dors, si ie me porte bien ou mal, enfin si ie meurs ; c'est que i'ay vn Corps.

Cette discussion est capable toute seule, de me persuader : Car il suffit de rendre compte exactement de toutes choses par mon Corps, pour m'asseurer qu'elles arriuent par luy seulement. Mais outre cela, ie voy qu'il n'y a que luy, à qui tout ce que ie viens d'examiner, puisse conuenir, &

que l'Ame n'y a point de part.

Veritablement, elle s'interesse fort à tout ce qui concerne le Corps, c'est à dire, elle souhaite qu'il soit toûjours en estat d'estre meu facilement : Mais ie connois bien que cét estat ne dépend point de ma volonté. Le cours de mes esprits n'est pas toûjours aussi reiglé que ie le voudrois : Ie dors quelques fois, & quelques fois ie veille contre mon gré ; & ces transports, ou d'humeurs, ou d'esprits, qui se font souuent auec des reuolutions si dangereuses, & si subites, apprennent à mon Ame qu'elle n'est pas la maistresse de leur mouuement. Ils finiront peut-estre plustost qu'elle ne voudra ; & quand le desespoir la pousseroit à souhaiter la dissolution de mon Corps, il ne luy suffiroit pas de la souhaiter ; il faudroit exposer mon Corps à d'autres Corps, dont le mouuement pust ruiner cét arrangement de parties, ou solides, ou liquides, qui fait durer ma vie, autrement elle dureroit malgré moy.

Plus i'y pense & plus ie reconnois, que ce merueilleux rapport de tant de parties, qui composent mon Corps, ne dépend pas de ma pensée : il dépend des autres Corps qui l'enuironnent, & fait vne partie si necessaire de l'vniuers, qu'il dépend absolument du cours de toute la matiere.

Ie voy bien qu'il est fait d'vne maniere à se pouuoir conseruer quelque temps ; i'ay des os assez solides pour soutenir sa masse contre le poids de l'air ou de l'eau ; & i'ay vn cerueau dont la consistance, & la disposition sont telles, qu'à l'aspect des objets qui luy seroient nuisibles, & des lieux où des Corps plus pesans que l'air & l'eau, le pourroient opprimer ; Il s'ouure par des endroits qui laissent couler des esprits dans les muscles, qui seruent à le reculer de ces lieux

& de

& de ces objets dangereux. Mais ie voy bien aussi que quand mon Ame, ne s'apperceueroit pas de ces choses funestes, toutes le parties de mon Corps sont arrangées de sorte, que suiuant les loix de la mecanique, cela arriue aussi necessairement, qu'il arriue à vn Ayman de se reculer d'vn autre Ayman, lors qu'on luy en presente vn certain costé. I'éprouue mesme quelques fois, que i'ay bien de la peine à ne pas ceder aux mouuemens, ausquels la disposition des organes les fait tous conspirer pour le salut de toute la machine à laquelle ie suis vny, & de laquelle ie ne suis maistre que d'vne façon si empruntée, que cette puissance m'échape presque à tous momens, & m'oblige souuent à reconnoistre, & mesme à reclamer vne puissance superieure.

Mais pour ne point sortir de moymesme, apres auoir examiné separément ce qui m'arriueroit, quand ie ne ſerois qu'vn Corps, & ce qui m'arriueroit quand ie ne ſerois qu'vn Eſprit ou vne Ame (car, ainſi que ie l'ay déja remarqué, c'eſt icy la meſme choſe) il me reſte, pour acheuer de me bien connoiſtre, d'examiner ce qui m'appartient à cauſe de leur vnion.

I'ay reconnu par d'autres meditations, que deux choſes ſont vnies dés qu'elles ont entre elles vn rapport ſi neceſſaire, que l'vne ſuiue les déterminations de l'autre.

I'ay reconnu, par exemple, que deux Corps ſont vnis, autant qu'ils le peuuent eſtre, quand leurs étenduës ſe touchent mutuellement, & auec vn tel rapport, que l'vn ſuiue neceſſairement les déterminations de l'autre.

I'ay auſſi reconnu que deux Eſprits ſeroient vnis autant qu'ils le peuuent eſtre, ſi leurs penſées ſe manifeſtoient mutuellement, & auec vn tel rapport, que l'vn ſuiuiſt neceſſairement les déterminations de l'autre.

Et ayant enfin reconnu par ces exemples, que l'vnion des choſes ne ſe fait que par ce qu'elles ont de rapport; il m'a eſté facile de iuger que ſi vn Corps & vn Eſprit ſont vnis, ce n'eſt pas par le rapport de deux étenduës, puiſque l'Eſprit n'en a point, ny par le raport de deux penſées, puiſque le Corps n'en a pas.

Mais ſans repeter icy ce que i'en ay dit plus preciſement dans le cinquieſme diſcours; ie m'arreſteray ſimplement à la concluſion que ie tirois de ces obſeruations, qui eſt, que ſi vn Eſprit dont la nature eſt de penſer, à quelques penſées auſquelles vn Corps puiſſe auoir du rapport par ſon étenduë, ſon mouuement, ou autre choſe de ſa nature; par exemple, ſi de ce que cét Eſprit veut que ce Corps ſoit meu en certain ſens, ce Corps eſt tellement disposé qu'en effet il y soit meu ; ou si de ce qu'il y aura certains mouuemens en ce Corps, il vient de certaines perceptions en cét Esprit, on pourra asseurer (par quelque puissance qu'ils ayent esté ainsi disposez) qu'ils sont vnis ; & tandis qu'ils auront ce rapport entre eux, on pourra dire que leur vnion continuë.

Or ie n'ay maintenant qu'à m'appliquer toutes ces choses. Et comme ie reconnois, qu'il y a vn certain corps entre les autres, qui est meu dés que mon Ame a souhaité qu'il soit meu; que d'ailleurs il n'ariue presque aucun changement en ce Corps, dont mon Esprit ne s'apperçoiue ; & que ie ne me puis empescher d'auoir ces perceptions ; ie dois conclurre que ce Corps est vny à mon Esprit, & tant que ce rapport qui se trouue entre quelques-vns de ses mouuemens & de mes pensées, durera ; ie deuray croire que leur vnion dure.

Cela posé, ie n'ay plus qu'à faire reflexion sur ce qui m'arriue à cause de cette vnion. Et pour le connoistre, il faut que i'examine, si certaines choses que i'éprouue tous les iours en moy, & que ie n'ay point mises au rang de celles qui m'appartiennent, comme estant vn Esprit, ou de celles qui m'appartiennent comme estant vn Corps, sont telles, qu'en effet elles ne me pussent conuenir, si ie n'auois à la fois vn Corps & vne Ame. Car si entre toutes celles que ie n'ay pas encore examiné, il s'en trouue quelqu'vne qui peust m'appartenir, si ie n'auois qu'vn corps, ou si ie n'auois qu'vne Ame; il ne faudroit point croire qu'elle me vinst de ce que i'ay l'vn & l'autre ensemble. Mais si elles se rencontrent telles, que le Corps seul ou l'Ame seule n'en puisse estre le sujet ou la cause toute entiere, il faudra l'attribuer à leur vnion.

Pour commencer cette discussion & la faire aussi exactement que le ſujet le merite. Ie conſidereray qu'en obſeruant les diuers changemens, qui arriuent dans mon Corps, j'ay reconnu qu'il n'a beſoin, que de ſon étenduë, de la figure de ſes parties, de leur arangement, & de la diſpoſition de ſes organes, pour eſtre nourry, & pour eſtre meu. En effet i'ay trouué que la nourriture du Corps ne ſe fait que par l'addition de quelques parties du ſang, qui s'étant échauffé dans le cœur, eſt porté par les arteres en differents endroits : que de tout le ſang qui coule dans les arteres, il n'en demeure preciſément en chaque membre que celles qui ſont propres à l'augmenter ; & que ſi ces parties du ſang s'arreſtent ſi iuſtement, où elles peuuent ſeruir, ce n'eſt pas par aucun choix qu'elles faſſent ; mais ſeulement parce qu'eſtant toutes de tres-differentes figures, & tendant à ſortir des arteres, à cauſe qu'elles ſont inceſſamment pouſſées par le nouueau ſang qui ſort du cœur, il faut neceſſairement que chacune s'échape dés qu'elle trouue des pores ajustez à sa figure : Et comme l'autheur, à qui ie dois la structure de mon corps, a fait les pores de mes arteres differens, selon la difference des membres où elles se trouuent, il faut necessairement, & selon les loix de la mecanique, qu'il ne demeure en chacun que les particules qui luy sont propres.

De mesme i'ay trouué que le mouuement ne se fait, que par les plus delicates parties de ce mesme sang, qui estant plus échauffées, que les autres, montent au cerueau, ou, forçant des passages estroits, & se demélant de toutes celles qui sont plus grossieres, elles composent les esprits qui coulent, selon qu'ils sont diuersement dirigez, tantost par vn nerf, & tantost par vn autre dans les differens muscles qui peuuent seruir ou à reculer mon corps, ou à l'approcher de certains endroits selon qu'il luy est conuenable.

Mais il me ſemble que, pour conceuoir cela plus diſtinctement, i'ay beſoin de faire encore icy quelques reflexions. Et premierement que mon cerueau eſt d'vne ſubſtance aſſez molle pour receuoir auec facilité differentes impreſſions : mais que cette ſubſtance, toute molle qu'elle eſt, n'eſt pourtant pas ſi fluide qu'elle n'ait quelque conſiſtence.

Secondement, que mes nerfs, n'eſtant qu'vn allongement de mon cerueau, dont la ſubſtance & les enuelopes ſont étenduës juſques aux extremitez de mon corps ; tout ce qui l'enuironne ne peut toucher leurs bouts exterieurs, qu'auſſi-toſt leurs autres bouts interieurs ne ſoient ébranlez dans le cerueau, & que cet ébranlement eſt different au dedans, ſelon que les objets pouſſent diuerſement les parties au dehors.

En troiſiéme lieu, que les eſprits qui remuent dans mon cerueau, comme

comme les vapeurs de quelque liqueur enfermée dans vn Eolipile, sont diuersement agitez, selon que le cerueau est diuersement ébranlé.

En quatriéme lieu, que selon que cette agitation des esprits est differente, ils vont heurter tantost vn endroit du cerueau, & tantost l'autre: & que selon la disposition des pores, ils s'insinuent dans vn nerf, ou dans vn autre, qui les conduit dans les muscles du bras, dans ceux du pied, ou de toute autre partie qui répond aux endroits par où ils sont sortis du cerueau.

Ainsi, lors que les rayons du Soleil, ou ceux d'vn flambeau refléchissant d'vn objet, s'insinuent dans mes yeux, & vont ébranler les filets du nerf optique qui sont épendus dans la retine; cét ébranlement de chaque filet passant de l'extremité du dehors à celle du dedans, y remuë le cerueau diuersement, selon que l'ob-

Ce que c'est que voir, à ne considerer que le corps.

jet eſt nuiſible , ou conuenable à mon corps.

De ſorte que s'il eſt nuiſible , l'ébranlement eſt tel , ſuiuant la proportion que l'ouurier admirable qui l'a fait , a miſe entre luy & tous les autres Corps , que les eſprits dont il eſt plein , l'ouurent par les endroits reſpondans aux muſcles, qui ſeruent à tranſporter tout mon Corps d'vne maniere qui les détourne de l'objet ; & au contraire, ſi l'objet eſt vtile , le cerueau s'ouure par les endroits qui laiſſent couler les eſprits dans les muſcles, qui ſeruent à tranſporter mon Corps vers l'objet.

Ce que c'eſt que ouyr. De meſme, ſi l'air qui eſt diuerſement agité, ſelon la difference des Corps qui le pouſſent en ſe pouſſant les vns les autres, venant à rencontrer la membrane qui eſt tenduë dans le fonds de mon oreille, excite les nerfs qui y reſpondent d'vne certaine maniere ; mon cerueau s'ouurira de ſorte que les eſprits couleront où il eſt beſoin qu'ils aillent, pour aprocher, ou reculer mon Corps de ceux dont le frapement a donné cette agitation à l'air.

Ce que c'eſt que odorer.

Ie conçois auſſi que ſi certaines petites particules ſe détachant des roſes, s'inſinuent dans les narines, & vont émouuoir certaines parties du cerueau, qui reſpondent à l'os cribreux; le cerueau, les eſprits, & les muſcles pourront eſtre incontinent diſpoſez de ſorte que tout le Corps auancera vers les lieux où ſont les roſes.

Ce que c'eſt que toucher.

Ce que c'eſt que gouſter.

Enfin il pourra eſtre que ſans l'entremiſe de la lumiere, de l'air, ou des petites particules, les Corps qui enuironnent le mien, en émouueront les parties par eux-meſmes; & en ce cas, ſelon les differentes émotions qu'ils causeront au dehors, & qui ſe continueront par l'entremiſe des nerfs iuſques au dedans du cerueau, il s'ouurira diuersement selon qu'il sera necessaire, ou de s'vnir plus fortement à ces objets, ou de les rejetter, soit que ces Corps touchent à la langue & au palais, ou a quelques extremitez du corps.

Que si les objets qui agissent sur le cerueau, n'y font aucune impression considerable, cela ne changeant rien en la situation de ses parties; il ne s'ouurira en aucun endroit qu'en ceux qui ont coûtume d'estre ouuerts pour le chemin des esprits qui seruent à faire battre le cœur & toute la poitrine: Et le reste des esprits demeurant dans les cauitez du cerueau, ils y tourneront comme des vapeurs enfermées dans vn Eolipile, qui sont toûjours prestes à s'échaper par quelque ouuerture qu'on leur fasse.

Et ces choses sont si necessaires, qu'elles doiuent toûjours arriuer ainsi; si ce n'est que les particules du ſang, qui montent du cœur au cerueau, ſoient plus ſolides, ou plus échauffées, ou d'vne autre figure qu'il ne faut : Car en ce cas, les parties du cerueau en eſtant trop ébranlées ne les peuuent contenir, & les laiſſant couler tumultuairement dans vn muſcle, & puis dans vn autre, agitent tout le corps d'vne maniere qui ne l'approche plus des autres Corps, ny ne l'en recule plus, ſelon qu'ils luy ſont nuiſibles ou conuenables; mais ſelon que les eſprits on pris leurs cours, par les paſſages du cerueau qu'ils ont forcez, dans les muſcles qui s'en ſont trouuez les plus proches.

Iuſques icy il me ſemble que tout ce que i'ay obſerué de mon Corps, luy pourroit arriuer par la ſeule conſtruction de ſes parties, & par le rapport qu'il a auec les autres Corps de l'vniuers.

Ainſi ie pourrois *voir*, c'eſt à dire, auoir le cerueau émeu par les rayons qui reflechiroient des objets

Ie pourrois *ouyr*, c'est à dire, auoir le cerueau émeu par l'air qui seroit poussé par des Corps qui le fraperoient.

Ie pourrois *odorer*, c'est à dire, auoir le cerueau émeu par les particules qui s'éuaporeroient ou s'exhaleroient de certains Corps.

Ie pourrois enfin *gouster* & *toucher*, c'est à dire, auoir le cerueau émeu par ce qui remueroit les parties de ma langue ou de ma main; Et n'auoir que du Corps.

Ce que c'est que la faim, àne considerer que le corps.

Ie pourrois aussi auoir faim, c'est à dire, que certaines arteres pourroient laisser couler vne eau, coupante comme l'eau forte, dans le fonds de mon estomach, laquelle picottant ses membranes, exciteroit le nerf qui y respond, & ensuite le cerueau, de la maniere qu'il le doit estre, pour laisser couler des esprits dans les muscles qui pourroient transporter mon corps du costé où seroient les alimens, qui d'ailleurs pourroient émouuoir en mesme temps mon cerueau par l'entremise des yeux ou du nez.

Ie pourrois aussi *auoir soif*, c'est à dire, que certaines exhalaisons seiches sortant des choses qui sont renfermées dans mon estomach, & quelques fois des arteres situées le long de l'œsophage, pourroient s'attacher à la membrane qui s'étend depuis la bouche iusques à l'estomach, & me desseicher le gozier de sorte que les nerfs qui y respondent, agitez pendant cette seicheresse d'vne autre façon qu'il n'est conuenable à mon corps, pourroient exciter mon cerueau aux endroits qui respondent aux muscles, dont l'action le peut conduire vers l'eau, ou vers les autres liqueurs, qui peut-estre en mesme temps émoueroient mon cerueau par l'ébranlement qu'elles causeroient aux nerfs

Ce que c'est que la soif.

des yeux, du nez, ou de quelque autre partie de mon corps.

Ie pourrois, dis-je, auoir toutes ces choses, & n'auoir que le Corps.

Mais il n'est pas possible (ce me semble) que ie les sente, & que ie m'en apperçoiue, dés qu'elles arriuent, sans auoir vne Ame, & sans que cette Ame soit vnie au Corps que ie nomme le mien.

Et afin d'examiner bien cecy, ie commenceray par les choses que ie sens le plus viuement & le plus distinctement, pour en appliquer les notions à celles qui pourroient estre plus confuses, & qu'ainsi ie sois moins en danger de me tromper.

La douleur.

Si i'ay de la *douleur* lors qu'on me pique au bout du doigt, ie ne puis pas dire que cela vienne simplement de ce que ie suis vn Corps. Car si ie n'estois que cela, ie pourrois à la verité auoir le bout d'vn doigt entr'ouuert ; le dérangement de ſes parties pourroit eſtre aſſez grand pour faire paſſage au ſang des veines & des arteres qui y aboutiſſent ; & les nerfs qui s'y étendent, en eſtant ébranlez, pourroient communiquer vn mouuement violent & conuulſif à mon cerueau, y troubler le cours des eſprits, & les faire couler dans des muſcles qui feroient faire d'étranges mouuemens en tout mon corps. Ie conçoy meſme que les eſprits pourroient enfler les muſcles de la poitrine, de ſorte que comprimant le poulmon, ils en chaſſeroient tout l'air par la trachée-artere, qui, ſelon qu'elle ſeroit plus ou moins ouuerte, pourroit cauſer des ſons plus ou moins aigus : Mais cela n'eſt pas ſentir.

Auſſi ſi ie n'auois qu'vne Ame, ie pourrois bien m'apperceuoir de tout ce qui ſe paſſe dans le corps que ie viens de décrire, ſans prendre aucune part à la deſtruction de ce Corps ; & n'ayant aucun intereſt à ſa conſeruation, i'en connoiſtrois le deſordre, comme celuy de quelque autre machine, ſans en receuoir aucune alteration faſcheuſe : Et cela n'eſt pas ſentir de la douleur.

Mais il eſt certain que ſi par la puiſſance qui a fait ce Corps & cette Ame, ils ſont en telle diſpoſition, qu'il y ait vn rapport neceſſaire entre les penſées de l'vne & les mouuemens de l'autre, en ſorte que cette Ame ait intereſt que les mouuemens de ce Corps ſoient toûjours iuſtes, & les organes qui y seruent, bien ordonnez ; elle ne pourra s'apperceuoir de l'eſtat violent & contraire à l'œconomie de ce Corps qu'auec douleur.

Ainſi, ſi ie ſens de la douleur, ce n'eſt pas parce que i'ay vn corps ſeulement, ou parce que i'ay vne Ame ſeulement ; mais parce que l'vn & l'autre ſont vnis.

Il en eſt de meſme de la volupté par la raiſon contraire. *La volupté.*

Quant au chatoüillement, la maniere dont il arriue, m'en fait connoiſtre la cauſe : Car ie voy que quãd la meſme pointe qui en entrant dans l'vne de mes levres, me feroit de la douleur, paſſe deſſus comme en coulant & ſans y apuyer; ie ſens cela auec des émotions telles qu'on les a, lors qu'on voit vn mal fort prochain, mais dont on croit eſtre à couuert. Car en effet cette pointe ſemble menacer le Corps de le détruire par l'endroit auquel elle eſt appliquée, & le mouuement du cerueau qui commence d'en eſtre ébranlé, fait craindre à l'Ame ce qui pourroit luy cauſer vne extreme douleur ; mais tout auſſi-toſt cette pointe quittant l'endroit qu'elle menaçoit pour paſſer à vn autre, & ainſi de ſuite; elle eſt cauſe (par ces petits ébranlemens qu'elle fait en differentes parties du cerueau, au lieu de ceux que l'Ame aprehendoit) que l'Ame *Le chatouillement.*

conçoit vne volupté contraire au mal dont elle estoit menacée. Et c'est ce *qu'on appelle chatoüillement*, qui peut estre causé non seulement par vne pointe, mais par vne humeur, ou autre liqueur qui s'épendra sur vne membrane : Et generalement toute matiere dont les parties ont des figures & des mouuemens tellement proportionnez à l'estat du Corps, qu'elle ne les pique, ou ne les meut qu'autant qu'il faut, pour faire craindre la douleur, & pour ne la pas faire sentir, causera le chatoüillement, qui n'est autre chose que le plaisir que l'Ame a de voir que ce qui meut le Corps, pour lors n'agit pas aussi fort qu'il seroit necessaire pour le détruire ; ou de ce que le Corps est assez robuste pour y resister. Souuent aussi il arriue que pour perpetuer ce plaisir, on frotte l'endroit où quelque humeur chatoüille ; ce qui luy causant vn plus grand mouuement, cause d'abord vn sentiment vn peu plus fort, c'est à dire, vne volupté plus sensible : Mais enfin le mouuement deuenant trop grand, va iusques à la douleur, d'où vient que dans les demangeaisons si l'on se gratte, on ne sçauroit éuiter vne extreme cuisson.

Le sentiment de la faim & de la soif.

Maintenant il m'est aisé de reconnoistre de la faim & de la soif, les mesmes choses que i'ay reconnuës de la douleur & de la volupté. Car il est certain que si ie n'auois que le corps, cette liqueur qui coule des arteres pour picoter les membranes de l'estomac, ou ces exhalaisons qui desseichent le gozier, pourroient faire tous les effets qu'elles produisent sur le cerueau, & l'obliger à s'ouurir vers les endroits les plus conuenables, pour faire que les esprits passans dans les nerfs, allassent dans les muscles dont l'action peut transporter le Corps vers les alimens ou vers l'eau : mais cela n'est pas sentir. D'ailleurs vne Ame pourroit s'apperceuoir de tous ces mouuemens, soit de l'eſtomach, ſoit des eſprits, ſoit de tout le corps, ſans y prendre part, & cela n'eſt pas ſentir la faim : Mais quand mon ame, qui prend tant d'intereſt à tout ce qui peut conſeruer mon corps en eſtat de mouuoir commodément, s'apperçoit qu'il a beſoin d'aliment pour reparer les eſprits diſſipez, ou de rafraichiſſement pour les calmer, ou enfin d'vne liqueur qui faſſe couler certaines parties trop arreſtées ; elle reſſent vne eſpece de mal, qui eſt different ſelon qu'il eſt cauſé par le deffaut du manger, ou par celuy du boire.

Or ie dois d'autant plus conſiderer ces effets de la faim & de la ſoif, que ie croy que les alimens ſont les cauſes des premieres paſſions que mon Ame ait reſſenties depuis qu'elle a eſté vnie au Corps. Et pour le connoiſtre, il faut que ie faſſe vn peu de reflexion en cét endroit ſur toutes les choſes dont il me ſemble que celle-cy peut eſtre déduite.

Il eſt certain en premier lieu, que l'vnion d'vn corps & d'vne ame, ne conſiſte, qu'en ce qu'il y a vn rapport ſi neceſſaire entre certaines penſées de cette ame, & certains mouuemens de ce corps, que les vns doiuent neceſſairement ſuiure les autres.

De cette premiere obſeruation, il s'enſuit que mon Ame n'a pû eſtre vnie à mon Corps, que lors que mon cerueau a eu desja la meilleure partie de l'arangement qui le deuoit rendre propre à ces mouuemens.

Il eſt certain en ſecond lieu, qu'à ne conſiderer que le corps, il n'y a que deux choſes, qui puiſſent cauſer les differens mouuemens du cerueau, ſauoir, la difference des eſprits qui y montent inceſſamment du cœur, ou la difference des objets, qui en agitant les nerfs des extremitez, tranſmettent leur action dans le cerueau.

Par cette ſeconde obſeruation, il il eſt éuident que ſi mon corps a eſté d'abord dans vn lieu, où la difference des objets ne puſt rien changer dans le cerueau par leur action, (comme i'ay occaſion de le croire par des raiſons que ie n'examine pas maintenant) mon cerueau n'a pû eſtre diſpoſé, comme il l'eſtoit, quand mon ame a commencé d'y eſtre vnie, que par le cours des eſprits; & que ces eſprits ne l'ont bien ou mal diſpoſé, qu'autant qu'ils ont eſté ou conuenables, ou nuiſibles à tout le corps.

Cela poſé, ie conçoy nettement que rien ne pouuant eſtre plus conuenable, ou plus nuiſible à mon corps, auant qu'il fuſt vny à l'ame, que ce qui ſeruoit à le nourrir; mon cerueau n'eſtoit iamais mieux diſpoſé, que lors que quelque bon aliment, ou quelque ſang loüable paſſoit dans le cœur; car alors il verſoit dans les arteres de quoy porter par tout vne bonne nourri-ture,

ture, & n'enuoyoit au cerueau que des esprits conuenables, qui tournoyant dans le cerueau, n'y ont rencontré aucun endroit dont les pores fussent ajustez à leur figure, que ceux qui répondoient aux muscles voisins des parties dont ce bon aliment ou ce sang loüable venoit dans le cœur : Si bien qu'ils ont coulé dans les muscles, & les ont enflez comme ils le deuoient estre, pour épraindre ces parties, & faire couler vers le cœur le suc dont elles estoient pleines.

Ie conçoy de mesme, que si cét aliment, ou ce sang, ont esté mauuais ; vn effet tout contraire a deu arriuer, c'est à dire, que le cerueau estant plein d'esprits differens de ceux dont ie viens de parler, soit par la grosseur, soit par la figure, ou par l'agitation; il estoit ouuert en d'autres endroits, & laissoit couler ces esprits en d'autres muscles.

Enfin ie conçoy que quoy que ces

effets fussent differens, selon que leurs causes estoient differentes; neantmoins toute la fabrique du cerueau se rapportant à toutes les autres parties, autant qu'il est necessaire pour la conseruation de tout le Corps, les esprits deuoient couler vers les parties d'où venoit l'aliment, ou le sang; tantost pour faire, en les épreignant, qu'elles en enuoyassent dauantage, s'il estoit bon; & tantost pour faire, en comprimant les passages, qu'elles en enuoyassent moins, s'il estoit mauuais.

La cause des premieres passions de l'ame.

Et voilà ce qui deuoit necessairement arriuer par la seule construction du Corps. Mais quand l'Ame a commencé d'y estre vnie, il est éuident que cette bonne ou mauuaise disposition du cerueau n'a peu arriuer, qu'elle ne l'ait sentie, & sans éprouuer en mesme temps vne volupté, ou vne douleur telle que maintenant elle la sent lors qu'il arriue quelque chose qui peut estre vtile ou nuisible à mon Corps: Et peut-estre en a-t'elle eu pour lors vn sentiment plus fort qu'elle ne l'éprouue à present, parce qu'elle estoit moins diuertie par les objets: Outre cela, comme elle s'est fort interessée en tout ce qui concernoit mon Corps dés les premiers momens de leur vnion, elle a, sans doute voulu, selon que cét état estoit bon ou mauuais, tout ce qui pourroit faire qu'il continuast ou qu'il cessast: Et comme pour lors tous les mouuemens differens, à l'occasion desquels elle auoit de fascheuses ou d'agreables sensations, venoient seulement (comme ie le viens de remarquer) de la difference des esprits; elle ne souhaitoit rien, que ce qui pouuoit, ou les changer, ou les entretenir: & par ce rapport si necessaire qui se trouue entre ses volontez, & les mouuemens de mon cerueau, il estoit disposé, par la puissance qui les vnit, comme il falloit qu'il le fust pour laisser couler les esprits dans les muſcles voiſins des parties d'où l'aliment, ou le ſang venoit au cœur, afin de l'en exprimer, ou de l'y retenir; tellement qu'outre la diſpoſition naturelle de tout le Corps, qui ſeule pouuoit produire cét effet, & qui le produiſoit auant que l'Ame y fuſt vnie; cette volonté de l'Ame qui eſt ſuruenuë, a eſté vne nouuelle occaſion au cerueau de s'ouurir, & aux eſprits de couler dans les muſcles des parties d'où venoit l'aliment, ou le ſang, afin de preſſer ou de retarder ſon cours, ſelon qu'il eſtoit ſalutaire pour tout le Corps. Ce doit eſtre là, ſans doute, la veritable cauſe de ſes premieres paſſions; & cela poſé, ie n'en vois aucune dont il ne me ſemble facile d'expliquer la naiſſance & les effets.

Ainſi la premiere fois que mon Ame a ſenty l'Amour comme vne paſſion, depuis qu'elle eſt vnie au corps, c'a eſté lors qu'il a paſſé dans le cœur vn nouuel aliment dont les particules montant au cerueau, n'ont composé que des esprits loüables. Car alors elle s'est vnie de volonté à cét aliment, c'est à dire, elle a voulu qu'il continuast de couler dans le cœur ; & pour cét effet les esprits ont couru dans les muscles de l'estomach, des intestins & de tous les conduits du chile, & l'ont fait couler abondamment vers le cœur.

Ie ne pense pas me tromper, lors que ie dis que c'est la premiere fois, que mon Ame a ressenty l'amour comme vne passion. Car ie conçoy bien qu'estant separée du Corps, elle pourroit aymer beaucoup, & mesme infiniment, sans que cela se deust appeller passion ; & ie croy ne deuoir icy donner ce nom qu'aux alterations que mon Ame souffre à cause du Corps. Ie croy mesme ne les deuoir pas donner indifferemment à toutes les sensations, bien que toutes soient des changemens qui arriuent entre-elles, à cauſe du Corps ; Et quoy que ce mot de paſſion doiue, eſtant pris generalement, ſignifier iuſques aux moindres changemens; neantmoins on ne l'entend ordinairement que des plus conſiderables, tels que ſont ceux qui arriuent en l'Ame par la ſubtile agitation des eſprits.

D'ailleurs ie dis que quelque bon aliment a dû eſtre la premiere cauſe de cette paſſion, & non pas vn ſang loüable ; nommant icy aliment ce qui paſſe dans le cœur pour la premiere fois, & ſang ce qui a déja circulé.

Et il ne faut pas s'eſtonner de ce qu'elle ſouffre de plus grands changemens, lors que les eſprits ſont agitez, que quand les nerfs ſont ſimplement excitez par les objets : car cette agitation des eſprits, intereſſe tout le Corps, qui ne reçoit ſes mouuements que d'eux ; & comme c'eſt à ces mouuements que les pensées de l'Ame ont ce rapport, qui fait toute son vnion auec le Corps; il n'est pas estrange que les changemens qu'elle souffre à l'occasion des esprits, soient les plus considerables de tous ceux qui peuuent arriuer en elle.

Et pour entendre cecy, il faut remarquer, que tout ce qui entre de nouueau dans le Corps, n'en fait point encore partie tant qu'il demeure dans les visceres, qui ne seruent qu'à preparer sa nourriture. Par exemple, vn boüillon ne fait non plus partie de l'estomach, quand il y est descendu, qu'il le faisoit du pot dont on l'a tiré : Et s'il y reçoit quelque changement par les matieres qui s'y mélent, ou par la chaleur des entrailles; il est certain que la mesme chose luy pourroit arriuer en tout autre vaisseau. On en peut dire de mesme, lors qu'il passe dans les veines lactées, & enfin dans ce conduit qui le meine iusques au cœur : Mais quand il a passé dans le cœur, & qu'il y a receu vn dernier changement, qui l'a rendu propre à reparer les organes, ou les esprits; il commence à deuenir vne partie necessaire & veritable du Corps. D'où il resulte que tandis qu'il est dans l'estomach, dans les veines lactées, & dans le conduit du chile, on ne peut pas dire qu'il soit effectiuement vny à l'Ame; mais elle peut bien s'vnir de volonté à cét aliment, c'est à dire, vouloir qu'il deuienne effectiuement vne partie du Corps auquel elle est déja vnie: au lieu qu'elle n'a pas occasion de vouloir la mesme chose, à l'égard du sang qui a circulé: Car comme il luy est vny par effet autant qu'il le peut estre, elle n'a pas sujet de s'vnir à luy de volonté, & ainsi s'il est capable de luy causer quelque passion, ce doit estre vne autre passion que l'amour.

Ie dis, enfin, que s'estant vnie de volonté à cét aliment, c'est à dire (suiuant que la nature de l'amour,

mour, qui fait que l'on veut toutes choses conuenablement à ce qu'on ayme) ayant voulu que cét aliment qui estoit conuenable au Corps qu'elle ayme, continuast de couler dans le Corps ; il est arriué que les esprits ont couru dans les muscles de l'estomach & des conduits, par où les choses qui arriuent de nouueau dans le Corps, ont coûtume d'aller au cœur, pour en faire couler ce suc auec plus d'abondance ; ce qui me semble assez clair pour n'auoir pas besoin de m'y arrester dauantage. Mais ie dois prendre garde que comme ce suc n'auoit point encore entré au cœur, ses parties estant plus grossieres, & moins attenuées que celles du sang qui a déja circulé ; elles ont deu s'y mouuoir auec moins d'effort : ainsi la chaleur a deu croistre en l'estomach, & mesme en la poitrine, à cause des conduits par où le nouueau sang est obligé de passer, suiuant l'ordre de la circulation, pour aller du ventricule droit, au ventricule gauche du cœur.

Enfin comme toute la liaiſon du Corps & de l'Ame (ſuiuant ce que i'ay dit, & qui ne ſe peut trop repeter) conſiſte dans le rapport des penſées de l'vne & des mouuemens de l'autre ; & que ce rapport eſt tel, que dés qu'vne penſée a eſté iointe à vn mouuement du cerueau, iamais l'ame n'a cette penſée, par quelque occaſion que ce ſoit, que ce mouuement ne ſoit excité de nouueau : Il s'enſuit que le premier amour ayant eu pour objet vn ſuc alimentaire, dont le cours ne pouuoit continuer ſans les mouuemens du cerueau, de l'eſtomach, des inteſtins, du cœur & de la poitrine ; ces meſmes mouuemens ne manquent point d'eſtre excitez dans le Corps, dés que l'Ame reſſent la meſme paſſion, pour quelque objet qu'elle la reſſente.

En effet, on ſent en cét eſtat que le battement du poux eſt plus grand

& plus égal que de coustume, qu'vne douce chaleur coule dans la poitrine, & que la digestion se fait promptement dans l'estomach. Ce qui arriue, par ce que le nouueau suc estant poussé auec force de l'estomach, & des intestins, le cœur euuoye du sang dont les parties sont plus grossieres & plus agitées qu'à l'ordinaire dans toutes les arteres, d'où vient que le poux est plus grand : mais comme les parties de ce nouueau suc sont plus égales que celles du sang ordinaire, par les raisons que j'expliqueray incontinent, le poux des arteres est égal : Enfin il est éuident que le cœur enuoyant pour lors des esprits plus forts & plus agitez vers le cerueau, ces esprits doiuent fortifier l'impression de l'objet aymé dans le cerueau, c'est à dire, qu'estans propres à faire continuer la disposition du cerueau, qui accompagne la passion, où est l'Ame, quand elle ayme quelque objet ; ils font que la pensée de l'objet se fortifie aussi ; & que l'Ame s'y arreste dauantage. Ainsi tant que l'Ame est vnie au Corps, elle ne peut aymer aucun objet, qu'aussi-tost les esprits du cerueau, & les autres parties du Corps, qui ont la premiere fois excité en elle vne semblable pensée, ne soient excitez par cette pensée, & ne seruent ensuite à la fortifier.

La hayne. Que si quelque fois, au lieu d'vn bon aliment, il est venu de l'estomac & des veines lactées, vn suc dangereux au cœur & au reste du corps; il faut considerer que quand mesme il n'y a eu que le corps, le cerueau s'est disposé de sorte, que quelques esprits ont coulé vers les muscles de ces mesmes parties, non plus comme il falloit pour les épreindre, & en faire couler le suc vers le cœur; mais au contraire, pour empescher que ce mauuais suc y fust porté, & souuent pour faire que l'estomach s'en déchargeast en le vomissant (ce qui pourtant n'a pû arriuer dans ces premiers temps :)tandis que d'autres esprits ont coulé vers les petits muscles voisins de la ratte, & vers la partie inferieure du foye, où est la bile : tellement que le sang & l'humeur de ces deux parties, en sont sortis auec abondance ; & se mélant au sang du rameau de la veine-caue, dans le cœur, ils ont causé de grandes inégalitez dans ses battemens & dans le poux des arteres : car le plus gros sang de la ratte s'échauffant difficilement, & celuy du fiel s'échauffant fort viste, ils ont deu produire des esprits fort inégaux, & des mouuemens extraordinaires dans le cerueau.

Or ces mouuemens qui, quand il n'y auoit que le Corps, estoient excitez dans le cerueau, à l'occasion d'vn mauuais aliment ; n'y ont pû estre excitez lors que l'Ame a esté vnie au Corps, qu'elle n'en ait eu vne fascheuse sensation, & sans qu'elle ait eu de la hayne pour cét aliment, c'eſt à dire, qu'elle ne s'en ſoit ſeparée de volonté, & n'ait voulu tout ce qui pouuoit empeſcher qu'il ne deuinſt vne partie du Corps auquel elle eſt vnie. Ainſi outre la diſpoſition naturelle du Corps, ſuiuant laquelle le cerueau ſe deuoit ouurir aux endroits par où les eſprits pouuoient couler & dans les muſcles, dont l'action pouuoit empeſcher que ce mauuais aliment ne vinſt iuſqu'au cœur, ou faire que l'eſtomach s'en déchargeaſt; & vers les viſceres, d'où il pouuoit venir vn aliment moins nuiſible; il eſt arriué, lors que l'Ame a eſté vnie au Corps, qu'elle a voulu que cela fuſt, ce qui a fait que toutes choſes s'y ſont plus fortement diſpoſées, à cauſe du rapport que les mouuemens du cerueau ont auec ſes volontez : Et cette penſée qu'elle a euë en cette premiere haine, s'eſt tellement iointe à tous les mouuemens qui l'ont excitée, que iamais enſuite il n'eſt arriué à l'Ame de hayr aucun objet, que les mesmes mouuemens ne se soient excitez dans le cerueau & dans tout le reste du Corps.

Aussi est-il certain que dans la hayne, on a le poux inégal, plus petit & souuent plus viste ; on sent des froideurs entremélées de chaleurs aspres & piquantes ; & loin de faire digestion, l'on se sent presque toûjours solicité à vomir.

Quant à la premiere ioye, elle peut estre arriuée de ce que le Corps n'ayant pas eu besoin d'vn nouuel aliment qui vinst de l'estomach & des intestins, ny de celuy que la ratte, ou la vesicule du fiel fournit lors qu'il y a disette d'aliment ; il a pû subsister par le sang, déja coulant dans les arteres, & dans les veines. Car en cét estat, par la seule disposition du Corps, quelques esprits au lieu de couler du cerueau, vers les endroits respondans à l'estomach, aux intestins, à la ratte, & au foye, La ioye.

ont esté vers les endroits des veines, & les ont pressées au sens qui estoit le plus propre pourfaire couler vers le cœur, le sang dont elles estoiens pleines ; c'est ce qui est arriué, quand il n'y a eu que le Corps.

Mais lors que l'Ame y a esté iointe, vne si belle disposition n'a pû estre dans toute l'habitude du corps & principalement du cerueau, que l'Ame n'en ait eu de la ioye, c'est à dire, qu'elle n'ait eu cette extreme satisfaction que l'on a, quand on sçait que rien ne manque à ce qu'on ayme parfaitement, & qu'il a en soy tout ce qui le peut conseruer dans vn estat conuenable à sa nature. Et enfin cette pensée de l'Ame a esté si bien iointe à cette disposition interieure du cerueau, dans ce moment ; que depuis l'Ame n'a pû auoir de ioye, qui n'ait excité vne semblable disposition dans le cerueau, & de là dans tout le Corps.

Aussi voyõs-nous que dans la ioye, les esprits coulant vers les muscles qui sont auprés des veines & des parties exterieures, & non pas vers les muscles des visceres de l'estomac, du foye & de la ratte; Ils poussent tout le sang des veines vers le cœur, dont les orifices estant ouuerts par d'autres esprits qui coulent par les nerfs qui y respondent, y laissent entrer le sang auec abondance. Et comme ce sang a déja passé plusieurs fois des arteres aux veines, il se dilate plus aisément dans le cœur; & les esprits que le cœur enuoye au cerueau, sont plus égaux & plus subtils : D'où vient que durant la ioye, le poux est plus égal, & plus viste qu'à l'ordinaire; sans estre toutesfois si fort ny si haut que dans l'amour; & l'on sent vne chaleur agreable, non seulement en la poitrine, comme en l'amour, mais par tout à l'exterieur, où le sang est abondant. L'on a mesme pour l'ordinaire moins d'appetit, à cause que sortant peu de chose des inteſtins & de l'eſtomach, & le ſang qui eſt dans le Corps pouuant ſeruir à ſa nourriture, & à l'entretien des eſprits, il n'y a pas occaſion d'appeter de nouueaux alimens.

La triſteſſe. La triſteſſe au contraire, a pû venir de ce que le cœur ne receuant plus d'aliment de l'eſtomach & des inteſtins, parce qu'ils eſtoient vuides ; ny du ſang des veines, parce qu'il y en auoit peu dans tout le Corps : les eſprits ont coulé vers la ratte & vers la veſicule du fiel, qui n'enuoyant que des humeurs contraires à tout le Corps, ont fait que quelques eſprits coulans par les nerfs qui reſpondent au cœur, en ont retreſſi les orifices, afin qu'il n'y entraſt de ce mauuais ſang, qu'autant qu'il en falloit pour entretenir la vie.

C'eſt ce qui a pû arriuer quand il n'y a eu que le Corps ; mais lors que l'Ame y a eſté iointe, vne ſi mauuaise disposition n'a pû estre dans toute l'habitude du Corps, & pricipalement du cerueau, que l'Ame n'en ait eu de la tristesse, c'est à dire, cette extreme fascherie que l'on a quand on void que presque tout manque à ce qu'on ayme parfaitement, & qu'il n'a presque rien en soy qui ne luy soit nuisible.

Et enfin cette pensée de l'Ame a esté si bien iointe à cette disposition interieure du cerueau, dans ce moment, que depuis l'Ame n'a pû auoir de tristesse, pour quelque cause que ç'ait esté, qui n'ait excité vne semblable disposition dans le cerueau, & de là dans tout le Corps.

Aussi voyons nous que dans la tristesse, les orifices du cœur sont retressis, & que sans qu'il vienne que peu de sang des veines, il n'y a presque que la ratte ou la vessie du fiel qui enuoyent leurs humeurs vers le cœur; & que cependant les passages de l'estomach & des intestins demeurent ouuerts, en sorte que ce qu'ils contiennent, coule promptement vers le bas, sans passer en nourriture. D'où vient que quand on est triste, le poux est lent, & foible, on sent comme des liens autour du cœur qui le serrent, & quelques fois des glaçons qui le gelent, & qui communiquent leur froideur à tout le Corps : Cependant on ne laisse pas d'auoir bon appetit, & de manger beaucoup, sans que l'on puisse engraisser ; ce qui arriue lors qu'on a simplement de la tristesse, & qu'il n'y a point d'autre passion mélée à celle-là, comme la hayne.

Il est éuident par l'examen que i'ay fait de ces quatre passions, qu'elles n'ont esté excitées la premiere fois, que par des choses qui se passoient dans le corps mesme : car on void que leurs premieres causes ont esté, ou bien vn nouuel aliment, qui selon qu'il estoit conuenable ou nuisible, a disposé les esprits à courir aux parties d'où il venoit; soit pour luy faciliter vn passage au cœur, comme dans l'amour; soit pour le luy fermer, comme dans la hayne: ou bien le sang des veines qui, selon qu'il a esté abondant, ou en petite quantité, a causé le different cours des esprits vers les extremitez du corps, & vers les orifices du cœur, soit pour les élargir, comme dans la ioye, soit pour les estressir, comme dans la tristesse: Et par ce moyen ie voy clairement que les premieres causes de ces quatre passions sont dans le Corps mesme, & qu'il peut, sans estre transporté d'vn lieu en l'autre, en ressentir tous les effets.

Mais le desir n'a pû naistre que de ce qe'il a esté necessaire que le Corps fust transporté du lieu où il estoit, vers quelque autre, soit pour éuiter quel- *Le desir* que chose qui l'auroit détruit, soit pour l'approcher de quelqu'autre chose qui pouuoit seruir à sa conseruation ; & toutes les parties exterieures, ou quelques vnes d'elles, ayant esté ébranlées immediatement par les Corps enuironnans, ou par d'autres plus éloignez, ont émeu le dedans du cerueau par le moyen des nerfs. De sorte que les esprits ont cessé de couler vers les intestins & vers l'estomach d'où vient le nouueau suc, & vers la ratte & le foye, d'où vient l'aliment au defaut de ce nouueau suc, & mesme vers les veines d'où vient le sang le plus propre à l'entretien de la vie : Et ces esprits ont esté portez auec effort & en abondance dans tous les muscles qui seruent à transporter le Corps vers les endroits où il luy est le plus vtile d'estre, ou à le mettre en la situation qui luy est la plus commode. Et cela a pû estre ainsi, quand mesme il n'y a eu que le Corps. Mais depuis que l'Ame y a esté vnie, elle n'a pû estre auertie par les impressions interieures qu'auoit fait dans le cerueau l'ébranlement des parties du dehors, qu'elle n'ait souhaité que le Corps fust transporté vers les lieux où il estoit besoin pour luy qu'il le fust, & qu'il quittast ceux où il ne pouuoit demeurer sans peril? Et l'on a nommé Desir la pensée qu'elle a eu de suiure ce qui pouuoit seruir au Corps, & l'on a nommé Crainte la pensée qu'elle a eu d'éuiter ce qui luy pouuoit nuire; l'vne & l'autre pensée n'estant pourtant que la mesme, à vray dire.

Et cette pensée de l'Ame a esté si bien iointe à la disposition interieure où estoit tout le cerueau dans le premier moment qu'elle a esté excitée en l'Ame; que depuis ce temps l'Ame n'a pû auoir aucun desir pour quoy que ce soit, qui n'ait excité vne semblable disposition dans le cerueau, & de là dans tout le Corps. Aussi voyons nous que dans le desir, les esprits coulent auec effort dans les veines qui seruent à mouuoir tout le Corps : D'où vient que souuent, quoy que l'on ne croye pas pouuoir obtenir la chose qu'on souhaite en allant vers l'endroit où l'on sçait qu'elle est ; neantmoins on est sujet à marcher comme pour y aller ; ou si l'on se tient en vne place, on sent d'extremes agitations au cœur, & les particules, qui exhalent du sang qui s'y échauffe extraordinairement, montent auec tant d'impetuosité au cerueau, & coulent si viste de là dans les muscles, qu'à peine se peut-on contenir.

Ayant ainsi distingué dans la douleur, dans la volupté, dans le chatoüillement, dans la faim, dans la soif, & dans toutes les passions principales; comme sont l'amour, la hayne, la ioye, la tristesse, & le desir, ce qu'il y a de la part du Corps & de la part de l'Ame ; il me semble reconnoistre éuidemment, que s'il y a des a des Corps au monde, qui ſans eſtre vnis à des Ames, ſoient mouüans & mobiles (ce que ie ſçay eſtre poſſible, puiſque ie ſçay que mon Ame ne cauſe ny la vie, ny les mouuemens de mon Corps ;) les Corps ſans Ames pourroient auoir tous les mouuemens de la douleur, de la volupté, du chatoüillement, de la faim, de la ſoif, de l'amour, de la hayne, de la ioye, de la triſteſſe, du deſir, & de la crainte, ſans qu'il fût beſoin qu'ils en euſſent les ſentimens : Mais ſans preuenir cette difficulté, qui commence à ne m'eſtre plus conſiderable, & ſans ſortir ſi toſt de moy-meſme, ie veux taſcher de reconnoiſtre dans les autres effets qui prouiennent de l'vnion du Corps & de l'Ame, ce qu'il y a preciſément de l'vn & de l'autre.

Dans *la viſion*, par exemple, il eſt facile de conceuoir, que s'il n'y auoit que le Corps, les rayons du Soleil, ou d'vn flambeau, reflechiſſant des objets, pourroient *La viſion.*

ſelon la diuerſité de ces objets, exciter diuerſement les filets du nerf optique, qui ſont répandus dans le fonds de l'œil ; & que cét ébranlement continuant iuſques dans le cerueau, luy donneroient auſſi vn ébranlement, tel que ſuiuant le rapport que l'ouurier admirable qui l'a composé, a mis entre le cerueau & les objets qui entourent le Corps; il s'ouuriroit en differents endroits, ſelon qu'il ſeroit à propos de s'arreſter en la preſence de ces objets, ou de s'en approcher ou de les fuyr, & tout cela ſe feroit ſans apperceuance, ſans ſentiment, & ſans choix.

Mais lors qu'vne Ame eſt vnie au Corps, comme il eſt de la nature de l'Ame de penſer, il eſt conuenable qu'elle s'apperçoiue des choſes qui ont cauſé l'ébranlement du cerueau ; qu'elle ſente meſme quelque alteration en elle, ſuiuant que l'objet eſt vtile ou nuiſible au Corps ; & que choiſiſſant ce qui eſt plus expedient au corps, elle ſouhaite qu'il demeure, ou qu'il ſoit tranſporté, proche ou loin des objets qu'elle apperçoit par ſon entremiſe.

Et il eſt bon de remarquer icy, que la ſenſ tion de l'Ame en la viſion, eſt tellement jointe à certains mouuemens interieurs du cerueau; que s'il y a quelque choſe qui arreſte vers le milieu du nerf optique, le mouuement que les rayons de la lumiere ont cauſé dans les bouts de ce nerf qui ſont au fonds de l'œil, en ſorte que les extremitez du meſme nerf qui ſont au dedans du cerueau, n'en ſoient point ébranlez; l'Ame n'aura point de ſenſation de lumiere. Et c'eſt tellement à l'ébranlement de ces parties interieures du cerueau que la ſenſation de la lumiere eſt jointe; que ſi quelque choſe ébranle ces parties interieures du cerueau, tout auſſi-toſt l'Ame a les meſmes ſenſations qu'elle auroit en la preſence du Soleil, d'vn flambeau, ou d'vn feu; & de fait, lors que quelqu'vn se frape rudement contre vn mur dans quelque lieu fort obscur l'ébranlement que le coup donne à tout le cerueau, venant à émouuoir les parties à l'occasion du mouuement desquelles l'Ame a la sensation de la lumiere, fait que l'Ame a les mesmes sensations qu'elle auroit en la presence de mille chandeles.

Il faut encor obseruer vne seconde chose, qui est que l'Ame ne rapporte pas sa sensation à ce qui la cause immediatemẽt; car si cela estoit il est constant que toutes les sensations luy arriuans à l'occasion des mouuemens interieurs du cerueau, elle deuroit toutes les rapporter aux parties interieures du cerueau. Mais au contraire il a esté bon que l'Ame rapportast ses sensations aux endroits d'où ces ébranlemens ont coûtume de proceder, & comme il est vtile au corps que le cerueau puisse estre ébranlé de loin par l'entremiſe des corps ſubtils qui ſont entre luy & les objets, & d'eſtre diſpoſé ou à les fuir ou à les aborder, ſelon qu'ils luy ſont conuenables : de meſme il eſt vtile à l'Ame de rapporter la ſenſation qui luy eſt cauſée par l'ébranlement des parties interieures du nerf optique, aux objets qui les ont excitez par l'entremiſe des rayons.

Ce n'eſt pas que quelques fois cela ne ſoit fautif, comme nous l'auons veu par l'exemple de ceux à qui quelque grand coup fait voir des chandeles, & comme on le peut voir par l'exemple de ceux, qui en dormant voyent comme hors d'eux, force objets, qui ne leur ſont pas preſens : Car encor que dans le premier exemple cela arriue parce que le cerueau eſt ébranlé par le coup comme il le ſeroit par des chandeles; & dans le ſecond parce que quelques eſprits courants dans le cerueau ont ébranlé les parties que les objets qu'on voit dans le ſonge, ébranleroient, s'ils estoient presens, il est certain que rien ne pouuoit estre mieux ordonné que de faire que l'Ame n'eust ses sensations, qu'à l'ocasion des mouuements interieurs du cerueau, & qu'elle ne les rapportast qu'à ce qui les a causez. Il estoit bon, dis-je, qu'elle n'eust ses sensations, qu'à l'ocasion des mouuemens du cerueau; Car tout ce qui agit sur les extremitez du corps, deuant porter son action iusque là, auant que les esprits puissent prendre aucun cours pour transporter le corps, selon qu'il luy est vtile d'estre transporté; il estoit raisonnable que l'Ame s'aperceust iustement en cét instant de ce qui affecte le corps, afin de pouruoir à ses besoins, & qu'elle peust ayder cette disposition organique & naturelle qu'il a pour sa conseruation. Et enfin il est bon qu'elle ne rapporte pas sa sensation à la partie interieure du cerueau qui l'a excité, mais à l'objet qui en a esté la premiere cause, comme en la vision; ou quelquesfois à des parties du corps mesme, comme nous le verrons dans la suite.

L'ouye.

L'on peut connoistre les mesmes choses dans l'Oüye; car il est certain que s'il n'y auoit que le Corps, l'air battu d'vne certaine façon par les Corps qui se froissent, ou sortant diuersement de plusieurs trous, pourroit fraper diuersement la membrane de l'oreille; & cette membrane pouroit exciter le nerf de la cinquiesme conjugaison, par vn ébranlement, qui continuant iusques aux parties les plus interieures du cerueau, le disposeroit comme il seroit à propos qu'il le fust, pour le salut de tout le Corps, en le faisant ouurir aux endroits par où les esprits pourroient couler dans les muscles, d'vne maniere à faire arrester le Corps, & à l'approcher ou le reculer des objets qui auroient esté les premieres causes de cét ébranlement dans le cerueau. Et tout cela se feroit sans apperceuance, ſans ſentiment, & ſans choix.

Mais on conçoit que l'Ame eſtant vnie au Corps, comme ſa nature eſt de penſer, il eſt conuenable qu'elle s'apperçoiue des choſes qui ont cauſé cét ébranlement du cerueau; qu'elle ſente meſme quelque alteration en elle, ſelon que l'objet eſt vtile ou nuiſible au Corps; & que choiſiſſant ce qui eſt plus expedient au Corps, elle ſouhaite qu'il en ſoit approché ou reculé. Enfin on voit qu'il eſt plus expedient à l'Ame en cette ſenſation, auſſi-bien qu'en la viſion, de la rapporter pluſtoſt à l'objet, qui en eſt la premiere cauſe, qu'à l'ébranlement du cerueau, qui l'a immediatement excitée.

L'odorat Cela ſe peut auſſi appliquer à l'Odorat; puiſque l'on voit que les petits corps qui exhalent d'vne roſe, ou d'vn bourbier, eſtant differens, ils ébranlent diuerſement les parties du cerueau, qui aboutiſſent à l'os à l'os cribreux; & que cét ébranlement passant dans le fond du cerueau, le dispose comme il faut qu'il le soit, ou pour faire que les esprits aillent dans les muscles qui peuuent seruir à éloigner le corps du bourbier; ou pour le faire auancer vers la rose, selon que les odeurs sont vtiles ou nuisibles au Cerueau: Et l'on conçoit aisément que toutes ces choses pouuant arriuer, quand il n'y auroit que le Corps; tout cela se feroit sans apperceuance, sans sentiment, & sans choix.

Mais on conçoit que l'Ame estant vnie au Corps, il est conuenable qu'elle s'apperçoiue des choses qui ont causé l'ébranlement du cerueau; qu'elle sente elle-mesme quelque changement different, selon les differents effets que ces choses ont produits dans le cerueau; & que choisissant ce qui luy est le plus propre, elle souhaite qu'il en soit approché ou reculé. Et l'on voit qu'il est plus expedient à l'Ame de rapporter cette ſenſation à l'objet qui la cauſée, qu'à aucune partie du Corps, ny meſme au dedans du cerueau, quoy que ce ſoit par ſon ébranlement qu'elle ſoit excitée.

Le gouſt. Il en eſt de meſme du gouſt; car certaines particules de viandes s'inſinuant dans les pores de la langue & du palais, y ébranlent les nerfs de la troiſiéme & de la quatriéme conjugaiſon; & cét ébranlement agitant diuerſement le cerueau, ſelon la diuerſité des parties qui l'ont cauſée, fait que le cerueau s'ouure aux endroits d'où les eſprits peuuent couler en meſme temps vers des glandes qui renferment vne eau, dont les parties ſont telles, qu'en ſe mélant aux viandes, elles peuuent ſeruir, en les délayant, à faciliter leur paſſage dans l'eſophage; & vers les muſcles qui peuuent remuer les machoires & les dents, qui doiuent ſeruir à faire la premiere reſolution des viandes ſolides. Il peut auſſi eſtre que les viandes soient mélées de petites parties, dont les figures ébranleront les nerfs de la langue & du palais, d'vne maniere qui dispose le cerueau à enuoyer des esprits dans les muscles, comme il faut qu'ils y soient pour faire rejetter les viandes de la bouche. Et tout cela pourroit arriuer quand il n'y auroit que le corps, & sans qu'il fust besoin d'apperceuance, de sentiment, ou de choix.

Mais l'Ame estant vnie au Corps, on voit qu'il est bon qu'elle s'apperçoiue de l'aliment, qu'elle le sente ; & que choisissant, ou de le laisser, ou de le prendre, elle souhaite que le mouuement des esprits se conforme à l'vn ou à l'autre de ces effets.

Au reste, il est si vray, que si elle n'estoit point vnie au corps, cette seule conformation feroit rejetter les viandes de mauuais goust, c'est à dire, celles dont les parties, en mouuant les nerfs du palais & de la langue, affectent mal le cerueau; Que souuent, quand on veut absolument se forcer à manger certaines choses, contre les dispositions qu'elles ont causées dans le cerueau; l'on voit que l'on a mille peines à le disposer à laisser couler les esprits où il faut qu'ils coulent, pour faire aualer ce qu'il estoit disposé de rebuter. Et si l'Ame (dont les souhaits sont plus puissans sur les endroits du cerueau qui respondent aux muscles destinez à remuer certaines parties exterieures) fait que cette viande entre dans le gozier; comme elle peut beaucoup moins sur les endroits respondans aux muscles interieurs, qui ne sont que pour émouuoir les visceres; il arriue souuent que dés que la viande est dans l'estomach, les esprits coulent abondamment du cerueau, vers tous les muscles, dont l'action peut en soûleuant le ventricule, l'obliger à s'en décharger par le vomissement; à quoy l'Ame mesme consent, quand les mouuemens de l'estomac ont ébranlé le cerueau, d'vne maniere dont elle reçoit de facheuses sensations : car alors, quoy qu'elle ait voulu que la viande entrast dans l'estomach, elle ne peut s'empescher de consentir au cours que prennent les esprits pour les faire sortir, quand elle en ressent de grandes douleurs.

Au reste il y a cela de notable, que l'Ame ne rapporte point cette sensation, non plus que les autres, aux parties du cerueau, qui l'excitent en elle ; mais aux parties de la langue & du palais, parce qu'il est expedient qu'elle sente comme en ses parties, afin que s'il y a du mal, les viandes ne passent pas plus auant.

Pour le toucher ; l'on sait que dés que les nerfs des extremitez du corps, sont ébranlez par les corps enuironnans, chaque filet continuant iusques au cerueau, y fait

Le toucher.

vn ébranlement qui fait couler les esprits dans les endroits où il est vtile à tout le corps, qu'ils se respandent : Et cela doit arriuer par la seule construction du Corps, sans supposer aucune perception, aucun sentiment, ny aucun choix. Au lieu que quand l'Ame est vnie au Corps ; le cerueau ne peut plus estre ébranlé par l'action des objets, qui touchent le corps, qu'elle ne s'en apperçoiue, & ne souhaite ce qui est le plus expedient au Corps.

Il faut obseruer que l'Ame rapporte ce sentiment aux parties du Corps, lesquelles ont esté touchées les premieres, & non pas aux parties du cerueau, qui l'ont excitée en elle.

On en a deux preuues indubitables ; la premiere est, que si on fait vne forte ligature au milieu du bras, & que l'on fasse vne incision à la main, on ne sentira pas l'incision, parce que l'ébranlement des filets des nerfs qu'on coupe à la main, estant arresté à la ligature, ne peut paruenir aux extremitez que ces mesmes filets ont dans le cerueau : Et comme ce n'est qu'à l'occasion de l'ébranlement du bout que ces filets ont dans le cerueau, que l'Ame sent; il ne faut pas s'estonner qu'elle ne puisse sentir ce qui se passe vers la main, quand le milieu est empesché.

La seconde preuue est, que si on coupe la main d'vn homme, il sent encore long-téps apres des douleurs dans les doigts de céte main qu'il n'a plus. Et afin de parler plus correctement, il a les mesmes sensations; qu'il auroit s'il auoit encore cette main & qu'elle fust blessée : Ce qui n'arriue que parce que les filets des nerfs qui s'étendoient iusques à cette main, estant encore remuez dans le cerueau, de la mesme façon qu'ils le seroient, si la main estoit encore iointe au reste du corps; le cerueau en reçoit les mesmes impreſſions, & les mémes mouuemens. Et comme ces mouuemens eſtoient inſtituez pour repreſenter à l'Ame ce qui ſe paſſoit, elle rapporte toûjours ſon ſentiment à cette main, qu'elle n'a plus; & cela dure autant de temps qu'il en faut pour ioindre, par raiſonnement, ce ſentiment aux parties qui par le retranchement de la main, ſont deuenuës les extremitez du bras, c'eſt à dire, au poignet.

Et cela fait voir pourquoy l'Ame, qui n'eſt pas à dix lieuës du corps, voit ou entend ce qui eſt à dix lieuës du corps : car pourueuque l'air, ou quelque matiere plus ſubtile, pouſſée par des objets éloignez, touchent les organes, & que le cerueau en reçoiue les impreſſions, l'Ame qui en a les ſentimens, les rapporte aux objets qui les cauſent; & il n'eſt pas plus neceſſaire qu'elle ſente à dix lieuës du corps, pour voir ou pour entendre ce qui s'y paſſe, qu'il eſt neceſſaire qu'elle sente dans sa main ce qui s'y fait. Or comme ces deux exemples que i'ay rapportez, font voir nettement que ce n'est point dans la main que l'Ame sent, quoy qu'elle y rapporte son sentiment ; Il est aisé aussi de voir que ce n'est pas à dix lieuës du corps, qu'elle sent les objets qui y sont, encore qu'elle rapporte là ses sensations.

Et pour derniere conuiction, il ne faut que considerer l'effet des songes, dans lesquels nous voyons souuent le Ciel, la Mer, & la Terre, selon toute l'estenduë qui nous en est visible ; & cependant nous auons les yeux fermez, & il n'y a que les parties interieures du cerueau, qui soient ébranlées par le cours fortuit de quelques esprits. Et comme le mouuement de ces parties est institué pour exciter en l'Ame la vision ; si ces parties sont ébranlées par le cours des esprits, comme elles le seroient par les objets mesmes, nous auons les mesmes senſations que leur preſence nous cauſeroit, & nous les rapportons auſſi loin que nous les rapporterions, ſi ces ſenſations eſtoient effectiuement cauſées par les objets. De la meſme maniere nous entendons ſouuent en ſonge le bruit, nous auons des gouſts & des odeurs, ſans qu'il y ait aucune cauſe de toutes ces ſenſations, que l'ébranlement des parties interieures du cerueau. Ainſi le mouuement de ces parties du cerueau, eſtant ioint à quelque ſentiment de l'Ame; ſi-toſt que ce mouuement arriue par quelque cauſe que ce ſoit, dans le cerueau; le ſentiment qui luy reſpond ne manque point d'eſtre excité, en l'Ame : & l'Ame les rapporte toûjours où il eſt plus expedient qu'elle les rapporte pour la conſeruation de tout le corps.

En effet, elle rapporte hors du corps la Viſion, qui eſt la ſenſation qu'elle reçoit par l'ébranlement des nerfs optiques ; l'Ouye, qui eſt la ſenſation qu'elle reçoit par l'ébranlement des nerfs de l'oreille; & l'Odorat qui eſt la ſenſation qu'elle reçoit par l'ébranlemeut des parties du cerueau, qui aboutiſſent à l'os cribreux : Et cela afin d'éuiter les choſes nuiſibles, auant qu'elles ſoient trop proches ; & pour aller chercher celles qui peuuent ſeruir, quand elles ſont éloignées. De meſme, elle rapporte le gouſt & le toucher aux extremitez du corps, parce que les premieres ſenſations pouuant eſtre fautiues, il eſt bon de faire, par vne de ces deux ſenſations, vne derniere épreuue des choſes qui touchent à noſtre corps, ou de celles qui y doiuent entrer. Et enfin elle rapporte à l'eſtomach & au gozier, les ſenſations de la faim & de la ſoif, parce qu'il eſt vtile de rapporter à ces parties vn ſentiment, qui peut exciter l'Ame à ſouhaiter que tout le reſte du corps ſe diſpoſe, comme il faut qu'il le ſoit, pour leur procurer ce qui leur manque.

Au reste, comme l'Ame n'a aucune sensation, que quelque mouuemens du cerueau n'en soit l'occasion; & cóme elle n'imagine aucun objet corporel, que par ce rapport aux parries du cerueau; il est visible que tant qu'elle est vnie au corps, elle ne peut imaginer tout à la fois, que les objets dont le cerueau peut receuoir les impressions en mesme temps. Mais il est aisé de conceuoir qu'estant separée du corps, elle pourroit imaginer à la fois tous les corps, & en voir les proprietez, sans que l'vn empeschast la connoissance de l'autre. Car si à present vn corps solide empesche la veuë de celuy au deuant duquel il est, c'est que la lumiere ne peut reflechir que de la superficie; & que les rayons estant poussez vers le nerf optique, dont l'ébranlement doit preceder la sensation de l'Ame tandis qu'elle est vnie au corps; il arriue qu'elle ne peut apperceuoir que les objets, qui reflechissent la lumiere vers les yeux du corps qu'elle qu'elle anime : Mais ſi elle eſtoit libre, cette raiſon en laquelle conſiſte toute ſon vnion auec le corps ceſſant, c'eſt à dire, ſes penſées n'eſtant plus neceſſairement iointes au mouuement d'vn certain corps, il s'enſuit qu'il ne repugne pas qu'elle puſt à la fois apperceuoir tous les autres. Et en effet, n'eſtant pas Corps elle meſme, elle ne doit pas eſtre aſſujettie aux loix des corps, qui ne peuuent receuoir immediatement que l'action de ceux qui les enuironnent : Et il eſt certain qu'encore que preſentement elle ne ſoit excitée que par les mouuemens interieurs du cerueau, iamais elle ne les apperçoit ; mais ſeulement les objets qui cauſent leur ébranlement, quelques éloignez qu'ils ſoient ; dont il ſuit que quelque nombre de corps qui enuironnent celuy qu'elle voudra apperceuoir, quand elle ne ſera plus vnie au corps, elle pourra l'apperceuoir, ſans que les corps enuironnans l'en empeſchent. Et ſi cela n'arriue pas dés à preſent, c'eſt que ſon vnion auec le Corps ne conſiſtant qu'en ce qu'elle ne doit apperceuoir les autres, qu'autant qu'ils concernent celuy qu'elle anime ; & que par les ébranlemens du cerueau, elle ne peut en apperceuoir à la fois, qu'autant qu'il y en a qui le peut ébranler à la fois.

Ie pourrois porter mes conſiderations plus auant, ſoit touchant ce qui regarde le Corps ou l'Ame à part, ſoit touchant ce qui reſulte de leur vnion. Mais il me ſuffit d'en auoir examiné les choſes les plus ordinaires, & qui peuuent rendre raiſon des autres ; c'eſt pourquoy portant dores-en-auant mes conſiderations hors de moy, ie taſcheray de reconnoiſtre ſi entre les corps qui m'enuironnent, il n'y en a point auſquels ie ſois obligé de croire qu'il y ait des Ames vnies.

FIN.

www.ingramcontent.com/pod-product-compliance
Ingram Content Group UK Ltd.
Pitfield, Milton Keynes, MK11 3LW, UK
UKHW022011170726
13837UKWH00001B/113